石河子大学211工程重点学科建设项目资助

经济管理学术文库 · 管理类

推进新疆生产建设兵团新型工业化进程研究
——基于兵地和谐理念视角

The Study on the Process of New Industrialization in Xinjiang Production and Construction Corps

薛 坪 孔令英 石冠峰 刘 追 等/著

经济管理出版社
ECONOMY & MANAGEMENT PUBLISHING HOUSE

图书在版编目（CIP）数据

推进新疆生产建设兵团新型工业化进程研究：基于兵地和谐理念视角/薛坪等著．—北京：经济管理出版社，2012.6
ISBN 978-7-5096-1999-5

Ⅰ.①推… Ⅱ.①薛… Ⅲ.①生产建设兵团—工业化进程—研究—新疆 Ⅳ.①E24 ②F427.45

中国版本图书馆CIP数据核字(2012)第129329号

组稿编辑：宋　娜
责任编辑：张　马
责任印制：黄　铄
责任校对：曹　平

出版发行：经济管理出版社（北京市海淀区北蜂窝8号中雅大厦11层 100038）
网　　址：www.E-mp.com.cn
电　　话：(010) 51915602
印　　刷：北京广益印刷有限公司
经　　销：新华书店
开　　本：720mm×1000mm/16
印　　张：10.25
字　　数：160千字
版　　次：2012年6月第1版　　2012年6月第1次印刷
书　　号：ISBN 978-7-5096-1999-5
定　　价：38.00元

课题组名单

项目主持单位：石河子大学经济与管理学院

项 目 主 持 人：薛　坪

课 题 组 成 员：薛　坪　孔令英　石冠峰　刘　追

薛　晶　刘云芬　夏　赟　肖　静

张风莉　秦伟平　王　江　刘晓芬

王东红　赵志华　汤伟娜

前　　言

在经济全球化的推动下，市场竞争日趋激烈，面对中亚社会经济的飞速变革与发展，以及国家政策的有力支持，新疆与新疆生产建设兵团（以下简称兵团）必须紧紧抓住这难得的历史机遇，实现兵团新型工业化的新突破。

兵团新型工业化的发展是兵团经济体制改革的重中之重。有三方面的原因要求兵团必须在兵地和谐基础上推动新型工业化的发展。首先，兵地和谐是兵团实现“屯垦与戍边”历史使命的前提和基础。其次，兵地和谐是实现兵团与地方经济融合，重新焕发兵地良好社会关系的主导。最后，兵地和谐是中央要求兵团通过推进“三化”来实现跨越式发展奋斗目标的基础和动力。

目前，兵地之间仍然存在一些由于经济发展、社会管理、文化认同等各方面的摩擦、矛盾和冲突，但构建边疆和谐社会进程中积极发展和谐兵地社会关系势在必行。这迫使研究者思考：跨越式发展的动力是什么？尤其在市场经济的强劲动力驱使下，靠什么样的机制来保障兵团新型工业化的进程与目标的实现？

围绕这些问题，本书采取定性和定量研究的方法，在宏观层面上对兵团新型工业化进程进行研究。运用定量实证方法，考察兵团新型工业化进程、兵团工业经济增长因素对工业经济发展的作用机制、兵团新型工业化面临的主要问题与制约因素；运用定性研究方法，对提升兵团工业部门竞争力、加快推动兵团新型工业化发展提出对策与建议，并综合上述研究，构建了兵地和谐视角下兵团新型工业化保障机制。

本书在宏观层面对兵团新型工业化进程进行研究，能够更为全面、准确地把握兵团新型工业化进程中的阻碍因素及其保障措施的内在机制和规律性。研究发现：第一，兵地和谐是兵团与地方在理念、心理、社会管理层面进行交流和融合发展，建构实现新型工业化保障机制的思想前提。第二，兵团的所有制结构已从单一公有制的所有制结构转变为以公有制为主体、多种所有制经济共同发展的所有制结构。兵团非公有制经济的参与提高了资源配置效率、工业经济的运行效率，推动了工业经济增长。第三，推动兵团新型工业化进程，应积极调整所有制结构，不断提高资源的配置效应和配置效率。第四，在推进新型工业化进程中，通过深化兵团管理体制改革和创新管理模式、国家和自治区的政策倾斜、宏观调控机制、利益联结机制和人才互动机制，才能实现兵地和谐理念下的兵团新型工业化目标。

全书共分为七章，第一章阐述和谐的理论基础。在阐述和谐新疆、和谐兵团的基础上，阐明兵地和谐的内涵、主要内容以及兵地和谐可持续发展的基本原则和指导思想。第二章回顾兵团工业发展的历程。通过历程回顾，纵向与横向对比分析兵团工业发展的基本状况。第三章对兵地和谐理念下新型工业化进程进行实证分析。比较分析兵团与新疆新型工业化水平，阐明提升兵团工业部门竞争力的对策。第四章对兵团工业经济增长因素进行实证分析。分别就工业所有制结构、人力资本投入、全要素生产率对工业经济增长的贡献进行估算及分析，并综合体制改革、投资和对外开放等因素建构模型并验证该模型和各因素对工业经济发展的作用机制。第五章分析兵团新型工业化面临的主要问题与制约因素，并对如何加快推进兵团新型工业化发展提出策略建议。第六章强调构建兵地和谐视角下兵团新型工业化保障机制。第七章为研究结论与展望。

本书的理论意义在于：深入了解兵团是一个特殊性社会组织的特性。在确保新疆稳定的前提下，探索兵团的新型工业化道路成为目前兵团经济建设的重大课题；与此同时，可以丰富毛泽东屯垦思想和邓小平建设中国特色社会主义理论的内涵。具体体现在如下方面：

（1）丰富了兵地和谐的内涵。在阐述新疆和谐、兵团和谐的基础上构建了兵地和谐理论，丰富了屯垦研究领域的相关理论。

（2）丰富了新型工业化的理论内涵。以和谐视角整合了地方工业化发展与兵团新型工业化进程的研究理论，拓展了新型工业化的研究视角。依据和谐理念，以整体思想界定了兵团新型工业化内涵、障碍因素与保障机制，进一步丰富了工业经济研究领域的相关理论。

（3）不仅证明和谐理念对提高兵团新型工业化进程的重要性，而且可能对地方工业化发展具有重要意义。因此，本书具有一定的普遍性。

本书的重点是兵地和谐理念下推进兵团新型工业化进程的保障机制的构建，这也是本书的实践意义所在。兵团肩负的历史使命随着经济的发展和国际国内政治形势的变化，使兵团屯垦戍边使命的内涵也在发生变化，但无论怎样变化，都必须同时将保卫边疆和经济建设两手抓，维护兵团与地方的社会、经济和文化等方面和谐与共同发展。因此，提出兵地和谐之推进兵团新型工业化进程的保障机制。

由于作者水平、时间和精力有限，书中错误之处在所难免，恳请读者批评指正！作者邮箱地址：xueping667788@ sina. com。

薛　坪

2012 年 5 月 20 日

目　　录

第一章　和谐的理论基础

第一节　和谐新疆

一、和谐新疆的内涵

新疆是我国面积最大的省区，也是我国民族成分最复杂的地区之一。新疆的土地面积有160万平方公里，占全国面积的1/6，边境线长达5400多公里，与俄罗斯、哈萨克斯坦、吉尔吉斯斯坦等8个国家接壤。自古以来，新疆因其特殊的地理位置，成为东西方不同民族往来迁徙和多元文化交汇之地，形成了多民族共存、多元文化的特点，新疆的民族众多，世居民族13个，民族成分有47个。在漫长的历史长河中，各族人民和睦相处，共同开发建设着这块土地。近年来，各族人民在抵御外来侵略的斗争中，浴血奋战，生死共存，结下了深厚的友谊，维护了边疆的稳定和祖国的统一。中国共产党的领导和社会主义制度，为实现新疆各族人民的大团结奠定了根本的政治基础，汉族离不开少数民族，少数民族离不开汉族，各少数民族之间相互离不开的思想观念深入人心。但是，随着冷战结束后的国际形势的变化，民族因素和宗教因素在国际政治中的影响明显上升，各种民族主义思潮与活动趋于活跃，引发了一些国家和地区的冲突和内乱，民族分裂势力、宗教极端势力、暴力恐怖势力在西方敌对势力的支持下，通过各种手段对新疆进行渗透破坏活动，对新疆的稳定和发展造成了一定的威胁。

近年来，在党中央的高度重视和自治区党委政府的正确领导下，兵团①和地方②（简称兵地）始终对“三股势力”保持高压严打态势，牢牢掌握着对敌斗争的主动权，维护新疆的稳定和祖国的统一。我们要清醒地认识到，在新疆，分裂与反分裂的斗争是长期的、艰巨的和重要的任务。因此，在新疆构建和谐社会的难度要比其他省区大得多，而意义又十分重要。可以说，新疆的经济发展水平、民主政治的发育程度、主流文化被认同的程度以及新疆的社会和谐程度制约着整个国家的社会和谐程度，没有新疆的和谐与安全，就没有全国的和谐与安全。重视新疆的发展，尤其是重视新疆和谐社会的构建，不仅有着特殊的经济意义，更有着特殊的政治意义。综上所述，构建和谐新疆是一个长期的、艰巨的工程。在这里，我们暂且不谈如何构建新疆和谐，而是着重论述和谐新疆的内涵。本书认为，和谐新疆的内涵应该是在人和自然环境和谐的前提下实现民族关系的和谐、政治环境的和谐、经济结构的和谐等诸方面的和谐，下面分别加以阐述。

二、和谐新疆的主要内容

（一）民族关系的和谐

1. 保障各民族的平等地位和平等权利，实现社会公平、社会和谐

坚持和完善民族区域自治制度，保障各民族政治、经济、文化的平等权利。民族区域自治制度是我国的三项基本政治制度之一，在统一的多民族国家内实行民族区域自治，有利于各民族的相互接近、团结互助和共同发展，是实现真正民族平等与和谐社会公平正义的重要保障。在新形势下，坚持和完善民族区域自治制度，关键是贯彻和落实好民族区域自治法，保障各民族行使当家做主和管理国

① 新疆生产建设兵团的简称，全书同。

② 相对于新疆生产建设兵团，新疆维吾尔自治区被相应地称为地方，全书同。

家事务的平等权利。

2. 树立“三个离不开”的思想是实现各民族团结和睦的基础

“三个离不开”的思想是江泽民同志1998年在新疆视察工作时提出的，即“我国56个民族都是中华民族大家庭中的一员，汉族离不开少数民族，少数民族离不开汉族，各少数民族之间也相互离不开”。“三个离不开”的思想是对我国各民族之间休戚相关、命运与共、相互依存的血肉关联的高度概括和写照。中国各民族从古代开始在生产和生活上互通有无，经济和文化上友好往来、合作共事，特别是到近代各民族在反对帝国主义和国内反动统治的斗争中，同呼吸、共命运，进行长期的斗争，各族人民在中国共产党领导下团结一致，进行了艰苦卓绝的斗争，赢得了祖国的独立和民族的解放。几千年相互依存的历史形成了“大杂居、小聚居、互相交错、你中有我、我中有你”的局面，各民族早已结成了一个统一的、不可分割的整体。实现社会的诚信友爱、和谐相处，必须以“三个离不开”为基础，实现民族的团结友爱。

3. 正确的民族观、宗教观，是维护中华民族团结和统一的重要保障

由于民族地区特有的历史、社会、文化条件，宗教问题与民族问题交织在一起，有些地区，特别是新疆地区民族、宗教与政治仍保持着密切的联系，而且，在全球化背景下，疆内民族宗教问题与世界民族问题密不可分。因此，对于我们这个多民族地区来说，民族宗教问题不仅事关价值共识的达成、国家认同意识的稳固以及国内政治的稳定、社会的和谐、经济社会的发展，而且事关国家主权和领土安全，事关中华民族的统一及伟大复兴。面对国内、国际民族宗教问题的新特点和新趋势，笔者认为应做好以下几方面的工作。首先，要引导人们树立正确的民族观、宗教观。民族平等和民族团结是我区解决民族问题的根本原则。树立正确的民族观就是使人们认识到各民族无论人口多少、地域大小、社会发展程度高低，也不管聚居、杂居还是散居，都应当在政治经济文化和社会生活等各个领域享有完全平等的权利、承担相同的义务。在此基础上，实现各民族为社会主义现代化的共同目标而奋斗的自愿配合，要坚持反对大民族主义和地方民族主义这两种极端的民族观。其次，要坚持宗教信仰自由政策，保护合法的宗教活动和宗教往来。与此同时，也必须用法律手段调整宗教与社会各方的关系。坚持宗教与

国家政权分离及自传自养、独立自主、自办教会的原则，坚持打击任何披着宗教外衣的分裂叛乱行为，大力发展文化教育事业，努力普及科学知识，积极宣传无神论，提高人们认识世界和改造世界的能力。最后，要促进公正合理的国际政治经济新秩序的建立。霸权主义、强权政治、不平等经济秩序是当代世界民族、宗教问题产生的重要国际政治、经济根源。中国作为一个负责任的经济大国，应通过提升自己的整合能力，联合一切有意于推动世界和平与发展的力量，促进国际社会在政治上相互尊重、共同协商，经济上互利合作、共同发展，文化上互相借鉴、共同繁荣，安全上相互信任、共同维护，构筑起抵御民族分裂势力、宗教极端势力和暴力恐怖势力的坚固防线，使新疆民族不同信仰的群众和谐相处，不同宗教的存在，与社会稳定、发展相协调，促进新疆各族人民的团结和统一。

（二）政治环境的和谐

党的执政理念是执政党的思想路线和政治路线，体现执政党的宗旨和价值取向，是新时期“立党为公、执政为民”的执政理念，是对马克思主义内核实践的准确理解和把握。构建社会主义和谐社会是人类的理想和追求，也是新疆各族人民的愿望和追求。充分发挥新时期“立党为公、执政为民”的执政理念在和谐社会构建中的重要作用，是对改革发展进入关键时期的现实情况的准确把握，对落实科学发展观、实现整个社会的进步以及人的自由而全面发展，具有重要的理论意义和现实意义。党的十七大报告紧扣我国经济发展和改革开放不断推进的时代脉搏，顺应广大人民群众对社会主义民主政治的期待，将“扩大社会主义民主，更好保障人民权益和社会公平正义”作为全面建设小康社会的新的更高要求之一，表明了我们党重视人民的民主政治权益，把公平正义赋予了民主新意。

1. 把握新时期党的执政理念是立论之源

马克思主义认为，“不是人们的意识决定了人们的存在，相反，是人们的社会存在决定了人们的意识”。这就决定了作为社会意识形式之一的党的执政理念也应当是对社会存在的反应。实践是马克思主义的理论内核，同时也是党的执政理念的立论之源。新时期党的执政理念不仅是对马克思主义内核实践的准确理解和运用，也是对马克思主义人的学说的准确理解和应用。新时期“立党为公、执政为民”的执政理念强调不仅要立足于人民，更要落脚于人民；人民群众不仅是社会主义的建设者，更是社会主义事业的享有者。中国共产党最根本的任务就是，把最广大人民动员起来，投身到社会主义建设的伟大事业中去，在促进社会发展的同时，也促进人的发展。因此，在社会主义和谐新疆的构建中更为重要的是要调动全社会的积极性，充分发挥建设者在最终促成的人与自然、人与环境、人与社会、人与人之间的和谐相处、良性发展状态中的积极作用和创造能力，力争在实现整个新疆的政治、经济、文化全面发展的基础上，实现社会每一个成员的自由而全面的发展。

2. 人的自由全面发展与社会的和谐发展是相辅相成的互动进程

（1）人既是社会历史的“剧作者”，又是“剧中人”。人是社会历史的“剧作者”，是指人及其活动的能动性、自主性和创造性，人的劳动实践不仅创造了物质生产资料，而且还根据生产力的发展创造出相应的社会关系，并根据这些生产关系和社会关系创造出相应的观念、范畴和意识形态；人是社会历史的“剧中人”，是指人在创造自己历史的时候，还要受到社会关系、历史条件等多方面因素的限制和约束，不是随心所欲地创造，而是要受到社会历史发展的客观规律限制。因此，只有把人看成是历史的“剧作者”和“剧中人”的统一，才能准确地把握人在社会历史发展进程中的地位和作用。马克思的这一命题深刻地揭示了人的发展与社会的发展和进步是一致的；人对社会历史的任何变化，都会反过来改变人生，即在或大或小的程度上改变人的生存状态、人的素质以及人的各种职能活动。人与社会历史发展的双重角色，决定了人的自由全面发展是构建和谐新疆的客观必然要求。

（2）促进新疆的和谐与人的全面发展是一个漫长的历史过程。从历史的发展角度看，社会发展具有过程性，是现实的运动和历史过程的统一。马克思主义认为，历史不外是各个时代的依次更替，每个时代都在既有的生产力和物质条件下活动，同时又不断通过自己的活动改变已有的生产力和外部世界，历史就这样在客观世界和人的活动的相互作用中不断向前变化发展；同样，人的自由全面发展不是自然的产物，而是历史的产物，是一个长期历史的发展过程，它是与社会的经济、政治、文化教育和社会制度发展过程相一致的。在当今的历史条件下，我们党把人的自由全面发展放在我国构建社会主义和谐社会的历史进程中加以考虑，认为实现人的自由全面发展既是未来共产主义和谐社会的理想目标，又是一个逐步实现的现实过程。今天，和谐社会是社会主义初级阶段社会理想的一种现实投射，是现阶段的历史任务，正如马克思所强调的，“人不是在某一种规定性上再生产自己，而是生产出他的全面性；不是力求停留在某种已经变成的东西上，而是处在变异的绝对的运动中”。因此，“推进人的全面发展，同推进经济、文化的发展和改善人民物质文化生活，是互为群体和基础的。人越全面发展，社会的物质文化财富就会创造得越多，人民的生活越好，物质文化越充分，也就越能推进人的全面发展”。

总之，构建和谐社会是一个从相对到绝对的不断发展、逐步提高而又永无止境的过程，这一过程归根结底是人的自由解放、全面发展的过程。

3. 公平正义是和谐新疆的表现方式，是民主参与的有力保证

公平正义是衡量一个国家或社会文明发展的标准，也是我国构建社会主义和谐社会的重要特征之一。在如今的中国，维护和实现社会公平的根本途径，仍是努力发展社会经济，为实现更高水准的社会公平奠定必要的物质基础。同时，制度是实现社会公平正义的根本保障。构建社会主义和谐社会是贯穿中国特色社会主义事业全过程的长期历史任务，是在发展的基础上正确处理各种社会矛盾的历史过程和社会结果。我们不但要通过发展增加社会物质财富、改善人民生活，而且要通过发展保障社会公平正义、不断促进社会和谐。实现社会公平正义是我党的一贯主张，是发展中国特色社会主义的重大任务。党的十七大报告指出，“要按照民主法治、公平正义、诚信友爱、充满活力、安定有序、人与自然和谐相处的总要求和共同建设、共同享有的原则，着力解决人民最关心、最直接、最现实的利益问题，努力形成全体人民各尽其能、各得其所而又和谐相处的局面，为发展提供良好的社会环境”。发展基层民主，保障人民享有更多更切实的民主权利，公平正义是有效的保证，这是每一个现代社会不断追求的理想和目标。党的十七大报告强调：“实现政府行政管理与基层群众自制有效衔接和良性互动。发挥社会组织在扩大群众参与、反映群众诉求方面的积极作用，增强社会自治功能。”

它揭示了扩大基层群众自治和完善基层民主之间的内在联系。将“基层群众自治制度”首次纳入我国的政治制度范畴，体现了我们党在推进政治制度自我完善与不断发展方面的进步。发展基层群众自治制度，扩大基层群众自治范围，保障基层群众直接行使民主权利，是全体人民平等参与国家事务的明显标志。党的十七大报告在民主参与方式的表述中，首次将民主理念扩展到“从各个层次、各个领域扩大公民有序政治参与”的新高度，也就是强调，真正的民主不仅要有一些基本的外在形式要素，更要有透明的程序、平等的权利、自由的讨论和对异己的尊重，以及超越个人意志的公正规则等内在要素。通过合理的制度规划和系统的经济政策和社会政策的实施，全方位地健全民主制度、丰富民主形式、拓宽民主渠道，使人民的知情权、参与权、表达权、监督权得到更有效、更充分的保障，这是维护社会公平正义的前提保证，是党在政治制度上的不断更新、不断完善、不断进步的充分体现，它不仅是和谐社会的表现方式，也是和谐新疆的实现方式，同时也是民主参与的有力保证。

（三）经济结构的和谐

21 世纪初，中国经济发展的主线是积极推进经济结构的战略性调整，推动“两个根本性转变”，保持国民经济持续快速发展，只有把经济结构理顺，才能真正提高经济增长的质量，进一步扩大内需，增长经济发展的后劲。经济发展总是在经济结构不断调整中实现的，它是促进经济发展、提高经济效益的根本措施，经济结构的每一次升级，都会带动经济发展上一个新的台阶。新中国成立以来，我国进行过多次经济结构调整，而新一轮的调整与以往几次大的结构调整相比，在发展阶段、体制条件、外部环境、调整范围、调整重点等方面有着很大的不同。第一，新一轮经济结构调整是在短缺经济基本结束、买方市场初步形成的背景下进行的“升级型”的调整。第二，在社会主义市场经济体制建设取得重大进展，改革进入攻坚阶段的背景下进行的以市场体制为主的调整。第三，在经济全球化进程加快，我国加入 WTO 的背景下进行的致力于我国产业国际竞争力的调整。第四，在科技革命迅猛发展，技术进步日益加快，并对经济发展产生重要影响下的致力于技术结构升级的调整。第五，我国在必须通过结构调整才能促进经济发展的阶段背景下进行的全方位的调整。第六，在我国资产储量规模相当大，但资产储量结构不合理的状况下进行的储量优化为重点的调整。经济结构的调整，必将影响和推进新疆和谐经济的发展。

1. 经济结构的调整是推进新疆和谐经济持续快速健康发展的保障

结构的调整是推动经济发展的因素之一。从一定意义上说，经济发展是通过结构的规律性调整和转换来实现的。在结构调整中，通过技术进步、产业转换、体制和组织创新，一是形成新的增长点，二是淘汰落后的生产能力，从而为经济的进一步发展提供动力。经济发展已经到了非对经济结构进行调整不可的阶段。从经济发展现状和世界经济、科技发展趋势来看，新一轮的结构调整不是一般意义上的调整，而是在新技术革命带动下，对经济全局和长远发展进行具有重大影响的战略性调整，即包括产业结构、地区结构以及城乡结构在内的全面调整。

2. 产业结构优化升级，是推进新疆和谐经济持续快速健康发展的重要保证

产业结构调整关键是解决各个产业之间以及各产业内部行业之间的比例关系失调问题。为此，应继续调整三次产业的结构关系。巩固和加强第一产业，提高和改造第二产业，经济发展第三产业，必须优化三次产业结构，调整三次产业比例，提高三次产业水平，改善三次产业内在素质。要通过开拓新的市场空间和消费空间，实现生产经营规模化，生产协作专业化。具体的做法是：一要加快农业结构调整，进一步巩固和加强农业的地位。全方位地优化农业结构，调整养殖结构，提高养殖比重，大力发展优质高效农业。二要提高和优化工业结构，增强企业国际竞争力。三要大力发展服务业，提高服务业在国民经济中的比重。

3. 所有制结构的调整，解放和发展生产力是推进新疆和谐经济持续快速健康发展的重要组成部分

我国社会主义初级阶段的特征和社会主义基本经济制度的基本国情和要求，决定了我国的所有制结构的多样性，不仅要有强大的国有经济、集体经济等公有制经济，而且还要有有利于社会主义生产力发展的，充满活力的非公有制经济和众多的混合所有制经济。党的十五大不仅提出调整和完善我国的所有制结构的重大决策，而且在党的十五届三中、四中全会对这项任务又做了更为具体的政策规

定。具体的做法为，一要加快国有经济布局的战略调整。它的调整就是要把经济战略性调整同产业结构的优化升级结合起来坚持有退有进，有所为，有所不为的原则，致力于国有经济的整体素质和控制力，突出重点，优化配置。二要从多方面支持、鼓励和引导非公有制经济，特别是科技型中小企业的发展，进一步发挥它们在发展社会生产力、繁荣社会主义市场经济中的作用。三要进一步大胆探索公有制实现形式、经济发展混合所有制经济，使所有制结构的优化与产业结构的优化同时推进，互相联动，相得益彰。

（四）人与自然的和谐

1. 人与自然和谐是和谐新疆走可持续发展之路的必然选择

胡锦涛同志在省部级主要领导干部关于“提高构建社会主义和谐社会能力”专题研讨班上的重要讲话中，概括了社会主义和谐社会的基本特征，而人与自然和谐是社会主义和谐社会的基础。目前新疆正处在工业化加速发展时期，正以历史上最脆弱的生态环境，承载着最庞大的人口，进行着最空前的经济建设，以最快的速度消耗着可再生和不可再生的资源，面临着最突出的人与自然的矛盾。因而，统筹人与自然和谐发展，走符合国情、可持续发展的现代化道路，是建设和谐社会的必然选择。随着工业文明的发展，日趋严重的人口资源环境问题迫使人们反思人与自然的关系。自 20 世纪 60 年代以来，大量的相关研究深刻地揭示了工业繁荣背后的人与自然的冲突、有限环境与无限增长的矛盾，由此诞生了可持续发展的理念。自 1992 年里约环发大会以来，一系列具有里程碑意义的纲领性文件和国际公约的问世，标志着走可持续发展之路、实现人与自然和谐发展成为全世界的共识。《中国 21 世纪议程》于 1994 年问世。2002 年党的十六大把增强可持续发展能力、促进人与自然和谐作为全面建设小康社会的四大目标之一。党的十六届三中全会提出了以人为本、树立全面协调可持续的科学发展观。前不久，胡锦涛同志在提高构建社会主义和谐社会能力的讲话中，把人与自然和谐相处作为社会主义和谐社会的重要内涵。这是我们党对人类文明成果兼收并蓄，对自然界、人类社会发展规律认识不断深化而得出的人与自然关系的正确结论。在中国几千年文明史中，人与自然的矛盾从未像今天这样严重，人与自然的不和谐已经成为构建和谐社会的严重障碍。社会主义和谐社会的六大特征，实际上是两大和谐，即人与人和谐和人与自然和谐。人与自然和谐是和谐社会的载体，没有人与自然的和谐，人与人之间不可能实现真正的、持久的和谐；没有人与自然的和谐，我们将逐渐失去生长的家园，将失去生存的空间，其他一切和谐——民主法治、公平正义、诚信友爱、充满活力、安定有序将无从谈起。由此，高度重视人与自然的和谐，重视资源和生态环境问题，增强可持续发展的能力，是全面建设小康社会的重要目标之一，是关系到我们生存与长远发展的根本大计。

全面推进循环经济发展模式，是实现人与自然和谐的核心。要实现人与自然和谐，必须走循环经济的发展道路，世界发展的潮流和我国的国情都要求我们以循环经济模式替代传统的经济发展模式。循环经济以3R原则作为社会经济活动的准则，即资源消耗和废物排放减量化（Reduce）、废旧产品回收再利用（Reuse）、资源再循环（Recycle），力图在不增加甚至减少初始资源消耗、不增加甚至减少污染排放、不破坏甚至恢复生态环境的基础上，实现经济快速增长。循环经济有助于从根本上解决长期以来资源、环境与发展之间的冲突，使我们走向生产发展、生活富裕、生态良好，在文明发展的现阶段与自然和谐相处。发展循环经济，化解人与自然的矛盾，需要国家、企业和社会联动，而其中的国家意志至关重要。

发展循环经济，要通过制度创新（包括法律、体制、政策等）和加大投入，推进在工业经济结构调整中，淘汰和改造能耗高、污染重的传统产业，发展节能、降耗、减污等高新技术产业；推进在农业经济结构调整中，大力发展生态农业和有机农业，降低农药、化肥等农用化学品使用量。以生态链为纽带，统筹规划工业与农业、生产与消费、城市与农村，建设资源高效循环利用与环境友好型社会。

全面推进生态环境建设保护和治理，是防治自然环境退化、建设人与自然和谐的社会的重要举措，也是循环经济的一个核心内涵。实现人与自然和谐发展，既要解决制度、技术层面的问题，也要解决人自身的素质。一要树立正确的人生观和价值观，确立合理的生存态度和需求定位，选择健康、文明、绿色的生活方式。二要确立人与自然协调发展的观念，发展与自然和谐相处的能力。三要培养人们的环境伦理和道德，形成尊重自然、热爱自然、善待自然、保护自然的社会风尚。

在人与自然这一对矛盾的目前发展阶段，人是矛盾的主要方面，只有提高人的素质，义无反顾地走可持续发展的道路，抛弃不可持续的消费行为，才能从根本上解决资源生态环境问题，保证人与自然和谐相处，我们在科学发展观的指导下，走出一条人与自然和谐的工业化道路，将是我们对人类文明做出的伟大贡献。

2. 统筹人与自然和谐发展是实现新疆和谐的根本途径之一

“统筹人与自然和谐发展”的新理念，对兵团推进工业现代化、全面建设小康社会具有极其重要的思想启迪作用和现实指导意义。在新的历史发展阶段，新疆要达到发展经济和环境保护并举、经济效益和生态效益兼顾、生产力发展与自然和谐“双赢”的目标，为全面建设小康社会提供物质技术基础和生态环境双重保障，就必须坚持在发展中保护、在保护中发展，走生产发展、生活富裕、生态良好的文明发展道路，把青山绿水留给子孙后代。而在具体操作中，需要特别关注以下几个方面。

（1）要坚持可持续发展战略。既着眼当前，又考虑未来，实现经济社会和人口、资源、环境的协调发展。要在保持经济增长的同时，保护自然资源，维护良好的生态环境；同时促进人的全面发展，推进经济、政治、文化的发展和人民物质文化生活改善这两个历史过程相互结合、相互促进、共同发展。树立一个观念，即在全社会树立起新的生态观。反思人类干预自然的限度及其合理性基础，扎实解决人民群众关心的环境问题，不断满足人们改善生产生活环境和生态环境的愿望。

（2）要运用法律、经济及必要的行政手段来管理环境问题，鼓励人民群众积极参与和监督环保工作。对环境资源成本和环境资源的保护服务费用进行核算，用绿色 GDP 真正体现国民经济增长的净正效应。

（3）要形成“天人一体、主动适应和环保第一”三种思想。第一种是天人一体的思想。认识到人类生存资料的有限性和地球的唯一性，抛弃所有不切实际的幻想，积极行动起来，保护好地球这个今日唯一可供生息的家园。第二种是主动适应的思想。牢记人类对于自然界绝不能像征服者统治异类民族一样，在改造自然、利用自然之前首先想到自己永远是自然界的一部分，学会调整自然界本身的平衡。第三种是环保第一的思想。强力发展绿色科技，并将绿色科技转化为先进生产力，保持和改善生态平衡。

（4）要努力促进经济增长方式的转变。既要充分发挥我国资源总量巨大、品类齐全的优势，自然、有序、适度地开发利用，又要在提高资源利用效率和节约资源上狠下工夫，科学地采用资源节约型的发展模式，建立一个包括以节地、节水为中心的资源节约型农业生产体系，以节能、节材为中心的资源节约型工业生产体系，以节省运力为中心的资源节约型综合运输体系，以适度消费、勤俭节约为中心的资源节约型生活服务体系。

（5）要努力走新型工业化道路。研究、开发和推广新能源、新材料，广泛采用符合域情的污染治理技术和生态破坏恢复技术，包括投资少、效益高的废水处理技术、城市大气污染综合治理技术、固体废物的无害处理技术等，全力推行清洁生产，坚持以信息化带动工业化，以工业化促进信息化，走出一条科技含量高、经济效益好、资源消耗低、环境污染少、人力资源优势得到充分发挥的新型工业化道路。

（6）要大力发展先进生产力。实行经济结构的战略性调整，淘汰落后的工艺设备，关闭、取缔污染严重的企业；变传统工业“资源—生产—污染排放”的发展方式为“资源—生产—再生资源”的循环发展方式，促进以清洁生产、循环经济、生态经济为特征的绿色生产力的快速发展，使其成为先进生产力的重要组成部分和保护环境的最佳“结合点”；通过工业化和经营化农业、细化和品牌化加工业、多样化和清洁化能源业、网络化和联营化交通运输业以及数字化和全球化信息业等重要运作方式，大力发展环境资源和绿色环保产业，在投资、价格、税收等方面予以倾斜，使之成为经济增长和生产力发展新的增长点。

3. 正确处理四大关系是人与自然和谐发展的重要保证

（1）要正确处理以人为本的发展观与环境保护的关系。既要金山银山，更要绿水青山。在发展经济、利用自然资源的过程中，绝不能采取耗竭资源、破坏生态和污染环境的方式，而应当合理利用自然资源，及时修复由于人为或自然的原因造成的对自然环境的破坏，严格防范人们在生产生活中产生的各种废弃物对自然环境的污染。

（2）要正确把握物质文明与生态文明的关系。坚持物质文明和生态文明的有机统一，在加快物质文明建设的同时，加大对生态环境建设的投入，加强对生态环境状况的监控、环境污染的治理以及对生态环境的保护。

（3）要正确处理精神文明与生态文明的关系。必须从精神文明建设着手，紧紧围绕弘扬生态文明观和文明发展观、提高人们的生态文明素养、促进人的全面发展这个重点，大力建设生态文化，努力在全社会形成科学、合理、安全、健康的生活方式；形成以资源节约型、科技先导型、质量效益型为基础的可持续的文明发展观，为生态文明建设和经济社会的发展提供强大的精神动力和智力支持。

（4）要正确处理当代发展与未来发展的关系。坚持可持续的发展观，改变传统的发展思维与模式，努力实现经济持续发展、社会全面进步、资源永续利用、环境不断改善和生态良性循环的协调统一，既保证当代经济社会的持续快速健康发展，又为子孙后代的发展创造良好的条件。

综上所述，新疆和谐的内涵概括起来就是在人与自然和谐的前提下，以政治环境为依托，建立公平公正的和谐社会，为经济可持续发展提供雄厚的物质基础条件，实现民族关系的和谐、经济结构的和谐、人与自然的和谐以及人与社会的和谐等诸方面的和谐。

第二节　和谐兵团

一、和谐兵团的内涵

构建以“民主法治、公平正义、诚信友爱、充满活力、安定有序、人与自然和谐相处”为总体要求的和谐兵团，是实现兵团事业又好又快发展和更好地履行稳疆兴疆、富民固边重要使命的重要保证。构建和谐兵团关系到广大职工群众的根本利益，关系到兵团全面建设小康社会，关系到兵团屯垦戍边事业的兴旺发达以及兵团、新疆乃至国家的长治久安。兵团广大干部群众必须充分认识构建和谐兵团的重大意义。

对于和谐兵团的内涵，笔者认为和谐兵团的内涵应该是在人和自然环境和谐的前提下，一要构建和谐兵团是屯垦戍边理论的创新和发展；二要坚持以人为本，尊重个性，实现人的和谐发展；三要树立全面协调可持续的科学发展观，在主体功能区建设下实现兵团区域协调发展；四要保持社会良性的运行，最终实现兵团政治、经济、文化的和谐发展。

二、建立和谐兵团的意义

新疆生产建设兵团走过了49年的历程，经历了创建、发展、解散、恢复的曲折道路，它为新疆的经济建设、守卫边防和维护祖国领土完整、保证新疆社会稳定、促进民族团结不仅做出了历史性的贡献，而且具有不可估量的生命力，经受过困难、挫折等严峻的考验，在十分困难的征程中，谱写了一部威武雄壮、不断发展的光辉史篇，创造了人间奇迹。

发展经济不但是兵团开发新疆、建设繁荣而文明的新疆的历史使命，而且是兵团自我发展、更好地履行戍边使命的要求。兵团自成立之日起，不仅是守卫边防、维护祖国领土完整的重要力量，而且忠实地履行着戍边任务。中印边界反击战时，兵团担负着后勤支援任务，保证了后勤供应的需求及反击战的胜利。

兵团不仅是保证新疆社会稳定的重要力量，而且也是民族团结的重要力量。兵团成立后，以稳定新疆为己任，对于长期存在的民族分裂与反分裂的斗争，兵团始终把平息暴乱及突发事件放在压倒一切的位置。它的存在就是具有对民族分裂主义分子的威慑力量。兵团的发展史是一部为边疆各族人民的服务史、民族团结史。四十多年来，兵团为发展与地方各族人民的团结和消除历史遗留下来的民族偏见、民族隔阂做出了自己的贡献。因此，新疆兵团对开发建设边疆、稳定边疆、巩固国防，具有重要的战略地位和作用。从当前的形势来看，我们仍面临着稳定与发展的历史任务。

在稳定方面，兵团面临三大历史背景：一是西方反动势力亡我之心不死，企图对我“西化”和“分化”，进行颠覆我国社会主义制度及人民政权的活动，并把新疆作为突破口。二是宗教极端主义企图扩展势力范围，他们在新疆进行非法宗教活动，企图把新疆纳入它的势力范围。三是民族分裂主义分子的分裂活动依然十分猖獗，企图把新疆从伟大祖国分裂出去，建立独立的国家。现在这三股势力纠合在一起，互相利用，把新疆作为他们的主攻目标，构成了对新疆稳定的巨大威胁。所以，新疆处在和这三股反动势力斗争的前沿阵地。今后的斗争，不仅是尖锐的、激烈的，而且是长期的。因此，在新疆构建和谐社会的难度要比其他省区大得多，而意义又十分重要。可以说，新疆的经济发展水平、民主政治的发育程度、主流文化被认同的程度以及新疆的社会和谐程度将制约着全国社会的和谐程度，没有新疆的和谐与安全，就没有全国的和谐与安全。重视新疆的发展，尤其是重视新疆和谐社会的构建，不仅有着特殊的经济意义，更有着特殊的政治意义。

综上所述，构建和谐新疆是一个长期的、艰巨的工程，在这个过程中新疆生产建设兵团具有举足轻重的地位和重要作用。因此，在构建和谐新疆的同时，构建新疆兵团的和谐也具有其不容忽视的重大意义。

1. 构建和谐兵团是屯垦戍边理论的创新和发展

中国共产党在对中国几千年开发和保卫边疆历史遗产的继承和发展及对屯垦戍边的光荣传统概括和理论升华的基础上，形成了中国特色的屯垦戍边理论，并以组建执行党政军企合一的特殊体制、履行屯垦戍边使命的兵团践行之。兵团以屯垦戍边、造福新疆各族人民为己任，在艰苦创业中不断发展壮大，50 年来，形成了工农商学兵相结合、农林牧副渔全面发展、工交商建服综合经营的发展体系，开展了具有兵团特色的社会建设，发展了有中国特色的屯垦戍边理论。

提出构建和谐兵团，是在贯彻中央精神的前提下，总结兵团屯垦戍边事业发展中的经验，汲取发展中的教训，继承屯垦戍边理论历史遗产的基础上，对在特殊体制下开展社会建设问题的创新和发展。构建和谐兵团的构想从政治、经济、文化和社会建设等方面全方位地提出了社会发展的内在要求，创新了兵团事业发展的模式和社会建设思路，是对屯垦戍边理论的创新和发展。构建和谐兵团丰富了屯垦戍边理论的内涵，为屯垦戍边事业的发展注入了新的活力。

2. 坚持以人为本，实现人的和谐发展，是构建和谐兵团的需要

马克思在《关于费尔巴哈的提纲》中指出："人的本质并不是单个人所固有的抽象物。在其现实性上，它是一切社会关系的总和。"这里所说的人是指现实的人，而不是指抽象的人。人是社会的主体。社会是人类活动的产物，社会的发展就是人的劳动方式的变化。人们活动的结果，首先形成的是不断变化的社会结构。因此，社会主义和谐社会，实际上是指以人为本，就是尊重人，倚靠人，关心人。以人为本，就是以人为主体，尊重人的个性，在任何时候都把人的全面和谐发展作为社会发展的最终目标。人的和谐发展，既体现了人的社会性，也体现了人的自然性。而人的和谐发展，不仅包括人自身的和谐发展，也包括人与人之间关系的和谐发展，即人们之间没有根本的利益冲突，能够各尽其能地劳动，各得其所地生活。

提高兵团人民素质是实现新疆人民素质的现代化，也是实现新疆乃至兵团现代化的当务之急。美国社会学家 A. 英格尔斯在《走向现代化》一书中说："一个国家，只有当它的人民是现代人，它的国民从心理和行为上都转变为现代的人格，它的现代政治、经济、文化管理中的工作人员都获得了某种与现代化发展相适应的现代性，这样的国家才真正可以称之为现代化的国家。否则高速稳定的经济发展和有效的管理，都不会得以实现。即使经济已经开始起飞，也不会持续长久。"而要实现人的现代化，关键是提高人的素质。因此，在新的历史条件下，我们必须大力发展教育，大力实施科教兴国战略。教育的目的是什么？康德认为，教育的目的是将"人"培养成"人"，即强调将"生物的人"培养成"社会的人"，强调了人的社会性。新人本主义提出了以人为本的理念，指出教育的目的是使人成为他自己，强调个性的可贵。在我们的教育理念中，以人为本的教育理念还未从根本上得到贯彻。所以实现人的和谐发展，不断提高国民综合素质既是构建和谐社会，又是构建和谐兵团的需要，更是国家和民族的需要。

3. 树立全面协调可持续的科学发展观，在主体功能区建设下实现兵团区域协调发展

树立科学发展观，是党的十六届三中全会的一项重要内容。《中共中央关于完善社会主义市场经济体制若干问题的决定》明确指出："坚持以人为本，树立

全面、协调、可持续的发展观，促进经济社会和人的全面发展。”同时，该决定提出“五个统筹的目标和任务，即统筹城乡发展、统筹区域发展、统筹经济社会发展、统筹人与自然和谐发展、统筹国内发展和对外开放”。这是一种全新的科学的发展观，是发展理论的一个重大突破。科学发展观是马克思主义发展观与当代中国发展实际相结合的产物，即坚持了马克思主义关于发展的基本观点，又有鲜明的时代特色，反映了新的实践要求。科学发展观不仅继承和发展了马克思主义发展观的基本内涵，而且吸收世界文明进步的最新成果。发展是人类始终关注的重大问题，也是人类进步的永恒主题。

在人类社会发展的历史长河中，创造了灿烂而又辉煌的物质文明和精神文明。工业革命以来，世界经济获得了空前的发展。但与此同时，人类社会面临着人口膨胀、资源匮乏、环境污染严重等全球性问题，严重威胁着人类的生存和发展。于是人类不得不重新审视人与自然的关系、经济和社会的关系、当代与未来的关系。并探索和寻求新的发展道路。1987 年，世界环境与发展委员会提出了可持续发展战略。1992 年，联合国在巴西里约热内卢召开“环境与发展大会”，签署了《21 世纪议程》等五个文件，把可持续发展正式确立为各国应遵循的发展道路。科学发展观正式吸收了当今世界关于发展的重要理论成果，顺应了人类社会进步的潮流，体现了我党与时俱进的创新精神，具有鲜明的时代特征。科学发展观的本质内涵正如党的十七大报告所指出的：“科学发展观，第一要义是发展，核心是以人为本，基本要求是全面协调可持续，根本方法是统筹兼顾。”这是对科学发展观本质内涵的准确阐释。科学发展观中的发展是包括政治、经济、文化、社会和人本身的发展。其中，在政治、经济、文化、社会四位一体的发展中，人是发展目的、灵魂和核心。科学发展观中，以人为本的主体从哲学的高度看就是每一个人，而且每一个人都是他人的客体。从政治的高度看。以人为本的主体是提出并贯彻落实科学发展观的中国共产党及其每一个党员和党员干部，还有接受并实践科学发展观的每一个人。同理，科学发展观中的人首先是指每一个人以及人作为群体和类的存在；而在政治层面，这里的人则特指人民群众及人民群众中的每一个人。科学发展观中的全面、协调和可持续也是以发展为要义，以人为核心的，离开了发展，离开了人，全面、协调和可持续就变得毫无意义。因此，以人为本是科学发展观的核心。所以，要以人为本，树立全面协调可持续发展，在构建主体功能区为基础的区域开发格局下，促进兵团区域协调发展。

主体功能区划分就是要适度打破行政区界限，以资源环境承载能力、现有开放密度和发展潜力三大指标作为划分各主体功能区的依据，我国的《国民经济和社会发展第十一个五年规划纲要》中提出，在中西和东北地区这一区域发展总体战略布局的基础上，要“根据资源环境承载能力、现有开放密度和发展潜力，统筹未来我国人口分布、经济布局、国土利用和城镇化格局，将国土空间划分为优化开发、重点开发、限制开发和禁止开发四类主体功能区”。主体功能区的提出是我国区域发展方面的一个新构想，它对于构建区域协调发展，特别是兵团区域协调发展以及落实科学发展观具有重要的意义，具体表现在以下几个方面：

（1）主体功能区划分就是要适度打破行政区界限，以资源环境承载能力、现有开放密度和发展潜力三大指标作为划分各主体功能区的依据。

（2）不同主体功能定位区域中各自产业重点不同，并以差别化的政策管理和政绩考核体系作为保证和支撑。

（3）资源环境承载力较强，经济和人口集聚条件较好的区域应主要承担发展经济的功能，其主要任务是做大经济总量，大规模地推进工业化、城镇化和农业产业化，实现经济有效增长。

（4）资源环境承担力较弱、大规模集聚经济和人口条件不好，关系到较大范围生态安全的区域应主要承担保护环境的功能，其主要任务是保护好环境。

总之，既要发展经济条件好的区域，以此来带动经济持续增长的作用，又要鼓励经济发展条件不好的地方，限制开发区域和禁止开发区域，使其承担起在整体区域发展大局中生态资源保护的责任。具体做法如下：

（1）编制兵团主体功能区划应以国家“十一五”规划纲要为指导，注重做好与兵团区域经济规划、生态功能区划和农业区划有机衔接和协调，理顺它们之间的关系并最终实现规划之间的有机融合。

（2）兵团要依据国家级主体功能区的标准，并且结合自身的实际状况，在划分国家层面主体功能区之外的本辖区其他区域，提出确立兵团主体功能区标准，划分一批对于全兵团经济和社会发展具有重要支撑和保障意义的重点区域作为兵团层面的主体功能区。

（3）在确立兵团层面的主体功能区之前，要对影响主体功能区建设的因素进行全面综合研究，通过制定兵团经济发展战略规划和政策制定，对运行进行统筹规划、调控和指导，为市场发育、规范市场运行提供良好的公共服务，营造宽松的投资环境。

（4）兵团主体功能区区域政策，应按照优化开发、重点开发、限制开发和禁止开发等各功能区的不同要求，在国家和自治区主体功能区框架下，结合兵团实际，制定具有兵团特色的政策体系，形成宏观调控在空间管理上的差别化，实现经济社会与人口资源在空间上的协调发展，逐步缩小公共服务和生活水平在地域上的差别，最终实现兵团区域协调发展的格局。

4. 保持社会良性运行，最终实现兵团政治、经济、文化的和谐发展

一个完整的社会形态，是由政治、经济、文化构成的，三者之间相辅相成，缺一不可，所以说，政治、经济、文化是一个和谐社会的三个支撑点。因此，要确保社会的良性运行，必须保持一个社会的协调发展。因此，构建和谐兵团必须在体现效益优先、兼顾公平的前提下，实现社会公平与正义，确保社会的良性运行，最终实现兵团政治、经济、文化的和谐发展。具体做法如下：

（1）在社会主义条件下发展市场经济，不断解放和发展生产力。保证兵团经济持续快速健康发展，让兵团人共享经济繁荣的成果。

（2）依法治国，发展社会主义民主法治政治。实现社会安定，政府廉洁高效，兵团各族人民团结和睦的政治局面。

（3）坚持以马克思主义为指导，以培育有理想、有道德、有文化、有纪律的公民为目标，发展面向现代化、面向世界、面向未来的科学的、大众的社会主义文化，抓好兵团精神文明建设。

（4）注重激发社会活力，促进社会公平和正义，增强全社会的法律意识和诚信意识，维护社会安定团结。通过兵团各族人民的共同努力，把兵团构建成为“民主法治、公平正义、诚信友爱、充满活力、安定有序、人与自然和谐相处”的和谐社会。

第三节 兵地和谐

一、兵地和谐的内涵

一方水土养育一方人，兵团与地方本就是一家人。不过由于管理体制及传统观念的束缚，致使多年来兵、地之间接触、沟通较少，了解不够，融洽氛围缺乏。“十一五”期间，无论是兵团还是地方人民政府，都将面临众多的发展机遇，所要完成的工作任务都很艰巨。兵地融合工作，对双方而言，均是有百益而无一害。如果没有思想和感情上的沟通与了解，合作经营企业仅靠制度、章程等的约束，在处理具体问题时，既会增加管理难度，又容易失去发展机会。因此，思想与感情上的融合是一项重要的基础性工作。

以“民主法治、公平正义、诚信友爱、充满活力、安定有序、人与自然和谐相处”为总体要求的兵地和谐，是实现兵团事业又好又快发展和更好地履行稳疆兴疆、富民固边重要使命的重要保证。构建兵地和谐，关系到广大职工群众的根本利益，关系到兵团全面建设小康社会，关系到兵团屯垦戍边事业的兴旺发达，关系到兵团、新疆乃至国家的长治久安。兵团广大干部群众必须充分认识到构建兵地和谐的内涵。所谓兵地和谐的内涵就是在兵团和地方各自本身内部因素协调的条件下，两者之间相互依存、相互适应、相互促进、相互融合，就是共同发展的状态和过程。融合就是发展、融合就是和谐。

二、兵地和谐的主要内容

由于兵团实行党政军企合一的特殊体制，长期以来，按照准军事化模式进行管理，传统的计划经济影响很深。兵团创业初期，很多农牧团场都建立在远离城镇的荒原上，十分分散和封闭，生产、生活自成体系。加上地方、兵团不同利益主体的客观存在，各自都从自身出发，界限壁垒，画地为牢，形成了众多的“诸侯经济”，相互开放合作、共同开发发展的气氛比较淡薄。正因为这样，尽管兵地都在发展，但新疆潜在的优势资源得不到合理配置，整体优势发挥不出来，一定程度上制约了新疆经济的快速发展。

改革开放以来，特别是20世纪90年代以来，随着社会主义市场经济体系的确立和发展，大家都认识到，兵地必须在思想、文化上，特别在经济上实行开放、协调、合作、互补，大力推进融合发展。1998年7月，江泽民总书记在视察新疆和兵团时指出，兵地要积极发展融合型经济。2000年8月，自治区党委在哈密召开加强兵地经济融合现场会，总结了经验，肯定了成绩，提出了今后工作的方向。这对推动新疆的经济发展、社会稳定、民族团结、边防巩固、人民富裕有着重要的现实意义。

具体来说，兵地和谐包括以下几方面内容：

1. 确立与兵地和谐相适应的和谐思维方式

确立和谐思维方式是兵地和谐的需要。和谐思维方式是对立统一的辩证思维方式的组成部分，如果说对立思维方式属于矛盾斗争性的范畴，那么和谐思维方式则属于矛盾统一性的范畴。和谐思维方式以崇尚和谐为特征，但不等于否定矛盾，而是以矛盾的存在为前提条件，认识并化解矛盾，促进和谐的辩证法思想体系。和谐思维方式的确立，有利于进一步思考对立思维方式与和谐思维方式的关系问题。兵地的和谐是民主法治、公平正义、诚信友爱、充满活力、安定有序、人与自然和谐相处的社会，是各方面利益关系不断得到有效协调的社会，是政通人和、稳定有序的社会。构建兵地和谐的实践，需要我们确立体现时代特点的和谐价值理念与和谐思维方式。

2. 兵地经济发展目标上的和谐

它是指兵团的发展与地方的发展目标要同新疆协调发展的总目标相协同。新疆工业化过程协调发展的总目标是要加速工业化进程。事实上，兵团的发展和地方的发展都是工业化的题中之意，兵团发展了，地方发展了，兵地和谐发展了才是工业化快速推进的标志。

3. 兵地产业结构的合理

它是指兵团和地方在产业结构上、社会组成上要相互适应，即达到新疆产业结构质上的匹配和量上的合乎比例以及社会组成上的整体优化，使工业化进程能相对平稳、均衡地推进。

4. 兵地共同利益的均衡

它是指在利益关系主体之间寻找平衡点，尽可能地调整好利益体系的内外部矛盾关系，把利益冲突降低到最低限度，尽可能地保持利益体系的稳定和利益格局的平衡。利益均衡是按照社会各利益主体都能接受的方式和规则进行资源配置的平衡。

5. 兵地经济融合

兵地经济融合是适应经济全球一体化趋势的需要，是适应社会主义市场经济体制的需要，是合理配置资源的需要，是区域经济协调发展的需要，是可持续发展的需要。

三、建立兵地和谐可持续发展的基本原则

1. 淡化界限、形成合力原则

发展兵地融合一定要淡化兵地之间的行政、区域、产业、企业、所有制的界限。无论是地方各级党政机关，还是兵、师、团党政机关都应率先垂范、以身作则、从我做起。

2. 求同存异、共谋发展原则

兵地融合的过程中，兵地双方之间由于职能、权限、利益的不同，会产生一定的差异。因此，在兵地融合的过程中，我们要坚持求同存异、共谋发展的原则。

3. 互惠互利、做大做强原则

发展兵地融合，仅有求同存异还不够，还必须互惠互利，只有互惠互利，才能求同存异，共同推动兵地融合的发展。

4. 造福一方、致富百姓原则

我们党的宗旨是全心全意为人民服务。“三个代表”的落脚点是“代表最广大人民的根本利益”。在兵地各级党委领导推动下的兵地融合发展，其最终目的是造福一方、致富百姓，这就是最好、最真、最实地实践党的宗旨和“三个代

表”，也是贯彻落实党的十六大精神的最好体现。只有很好地坚持这一原则，才能极大地促进兵地融合的发展，也才能真正地发展经济，造福人民。

四、兵地和谐可持续发展的基本指导思想

（一）基本原则

可持续发展要求社会、经济、资源和环境协调发展。这里的“资源”是指当前可供人类利用的自然物质，如水、土地、森林和矿产等；“环境”是指自然对人类发展的支持能力，包括生态平衡、纳污能力和自净能力等。只有社会、经济、资源、环境这四个系统的运动处于协调状态，才能保证人类社会持续不断地向有序状态演化。因此，要考察一个社会的发展是否符合可持续发展的要求，必须考察这一时刻的社会状况是否达到了四个系统的相互协调，而要衡量协调发展的程度，必须通过一系列指标体系才能完成。

建立兵地和谐可持续发展的指标体系的基本原则如下：

（1）整体性，既要有反映社会、经济、资源和环境各系统发展的指标，又要有反映以上各系统相互协调的指标。

（2）动态性与稳定性相结合，既要有静态指标，也要有动态指标。指标体系的内容不宜变动过频，在一定时间内，保持相对的稳定性。

（3）定性指标和定量指标相结合，尽可能地量化，而对于一些量化，且意义重大的指标，可以用定性指标来描述。

（4）指标的可操作性，定量指标可直接量化且定性指标能间接赋值量化，具有一定的现实统计作基础，因而可根据数量进行计算分析。

（二）推进兵地融合发展的思路

1. 解放思想、与时俱进，全力推进兵地融合发展

要开创兵地融合发展新局面，必须解放思想，只有解放思想才能与时俱进地推进兵地融合发展。

发展兵地融合还必须同国际国内大背景相联系，自20世纪中后期开始，无论是发达国家，还是发展中国家；无论是资本主义国家，还是社会主义国家都在一定领域、一定范围、一定程度上建立了某种区域融合体制。我国沿海和东中部

地区发展速度和综合实力与竞争力远远超过西部地区，其中一个重要原因就是思想解放，敢于大胆发展国际国内间的融合。新疆在21世纪上半叶发展速度的快慢，很大程度上受制于发展兵地融合速度的快慢，只有加快发展兵地融合的速度，才能加快新疆的发展速度。否则，新疆在实施“西部大开发战略”中的发展速度将落后于西部大多数省区。

2. 兵地联合制定促进兵地融合发展的政策

促进兵地融合发展必须加强政策引导与调节。在政策的制定与实施上兵团和地方各有优势。兵团的优势是对其管辖范围内的土地资源、水利资源、农副产品资源、矿产资源、国有资产资源、人力资源等，通过实施行政划拨、捐赠投资、减利让费、减免征收的有关政策，支持兵地融合的发展。地方政府的优势是充分利用地税征管权，在国家税法允许的范围内，适度减免兵地融合企业在创建初期（3～5年或7年）的所得税、投资方向调节税、土地使用税、营业税、屠宰税、城建税等；利用地方财政资金和兵团单位共同投资加强基础设施、公益事业建设。

当然，这里要区分不同情况，决定是否收回投资或收回投资的形式，对于非盈利的基础设施就无须收回投资，对于盈利的基础设施，则应遵循市场经济规律，实行有偿投资，并根据盈利的大小，决定收回投资的方式与形式；对地方管辖的土地资源、水利资源、矿产资源、林草资源等，通过实施减利让费、减免征收的有关政策，支持兵地和谐发展。

兵地联合制定促进兵地融合发展的政策，必须坚持政策的创新性、合法性、严肃性、稳定性、连续性。使政策在引导投资、优化投资环境、促进公有制为主体的多种所有制经济共同发展、培育和做大龙头企业，在调整经济结构、带动区域或地区经济发展、提高城市化水平、增加居民收入等方面发挥重要的调节作用。

3. 良好的政策措施是促进兵地经济融合以及兵地和谐发展的基础

（1）兵地经济融合是适应经济全球一体化趋势的需要。当今世界，由于生产力的高度发达和科学技术的飞速进步，世界上几乎没有一个国家的经济能够脱离世界经济而孤立发展，也没有哪一个国家的经济发展不受世界经济的影响。各国的经济相互交织、相互影响、相互依赖，融合成统一的整体，融合是一种世界潮流和发展趋势。兵地融合发展，就是适应世界经济发展潮流的表现。

（2）兵地经济融合是适应社会主义市场经济体制的需要。市场经济新体制要求打破旧体制下的条块分割、地域封锁，实现国内市场和国际市场的对接，冲破地方、部门的狭隘局限，达到经济运行畅通无阻，以开放融合为基础，创造公平竞争、统一有序的大市场。在新疆，实现市场开放性、统一性的最好形式就是融合发展，尤其是兵地之间的融合发展。

（3）兵地经济融合是合理配置资源的需要。新疆地上、地下资源十分丰富，且有一定的人才和技术基础。但过去兵地双方各自为政、相互封闭，造成有效资源得不到合理利用，人不能尽其才，物不能尽其用，相互之间的优势未能充分发挥。经济的快速发展在宏观上要求我们必须尽快克服这一天然缺陷，走兵地融合发展之路，实现在全区范围内优势互补、资源合理配置，最大限度地解放和发展生产力，以较少的投入获得较大的产出。

（4）兵地经济融合是区域经济协调发展的需要。地方、兵团各自的经济实体由于拥有的生产技术条件、产品销售市场、地理区位以及历史形成的生产特点等存在着差异而形成了优劣并存、长短互见的状况。为了发挥区域比较优势，取得比较效益，兵地要在经济上相互依赖、相互补充，实行经济上的融合，使各方面的优势结合起来，取长补短，优势互补，实现生产要素的优化配置，形成生产力的合力，取得更大的整体效益。

（5）兵地经济融合是兵团增强经济实力、提高屯垦戍边能力的需要。尽管兵团的经济实力在新疆占有一定地位，但发展不快、实力不强、职工生活困难，严重制约着兵团屯垦戍边使命的履行。要解决这一问题，当务之急就是要充分发挥市场经济新机制的作用，实行大开放、大融合的发展战略。只有这样，才能使兵团经济在大开放、大融合中发展自己、壮大自己。

4. 兵地融合发展的政策需要兵地联合制定

（1）建立组织领导机制。促进兵地融合发展是一项由兵地党政、部门、企业、事业单位共同领导、协同的结果。工作人员、专业技术人员等广泛参与、相互协调与配合的系统工程。因此，必须建立有兵地党政领导、相关行政部门、企事业单位组成的多层次兵地融合发展领导小组，专门负责研究、解决、协调兵地融合发展中的重大问题。领导小组下设办公室，作为具体的办事机构，处理兵地融合发展中的相关业务；并视情况考虑设立专业委员会，专门研究解决兵地融合发展中所涉及的专业技术问题，为领导小组提供重大问题决策的备选方案和依据。兵地融合发展的实践证明，凡是建立了兵地融合发展的组织领导机制的地区，兵地融合发展就会取得明显成效；反之，则会使兵地融合发展流于形式。

（2）建立交流合作机制。兵地融合发展是广义上的融合发展，它应包括政治、思想、文化、经济、社会等领域。不能将发展兵地融合片面理解为发展兵地融合经济或发展兵地融合文化等。因此，要广泛地发展兵地融合，就应建立兵地间的交流合作机制，兵地间可按照先易后难的思路。首先，建立政治、思想、文化间的交流机制。其次，建立兵地企业和社会公益部门之间的交流机制。通过定期、不断地交流，有利于增强其对发展兵地融合经济、兵地融合社会事业的紧迫感，并在兵地企业的联合、重组、兼并、收购等方面取得实质性的进展，有利于在发展地区社会事业（特别是基础设施和公益性事业上）方面形成合力，促进其加快发展。

（3）实行兵地相互交叉任、兼、挂职制度，并实行目标管理责任制。要使促进兵地融合发展落到实处、成效显著，还必须实行目标管理责任制，建立有效的激励机制与约束机制。由兵地融合发展领导小组分别对相关的兵地党政主要领导、机关部门下达《目标管理责任书》，并以量化的形式确定任务目标、项目指标，定期进行考核。对提前或按期完成目标指标的，要区分情况给予重奖或奖励；对未按期完成目标指标的，要进行必要的处罚。对不适宜实行目标管理的企业和事业单位，则主要实行激励机制。对促进兵地融合发展贡献较大的企事业单位，由兵地融合发展领导小组给予物质和精神奖励，以充分调动其积极性。

（4）确立大局意识、长期意识，树立大融合、大发展观念，建立平等互利、风险共担、利益共享的市场机制，按市场经济规律办事。稳定和发展是新疆的大局，是我们搞好一切的根本出发点。兵地双方要从新疆全局和战略高度来认识兵地融合发展的重要性，紧紧围绕这一共同目标，坚持“一盘棋”的思路，树立全局意识、政治意识、责任意识，相互信任、相互理解、相互支持、相互学习，共谋发展、共图大业。兵地融合不是短期行为、临时性措施，而是长期性的战略举措。兵地融合不仅要在经济上融合，而且要在政治上、思想上、感情上融合。我们要不断拓宽融合发展的领域，逐步形成全方位、多角度、多层次的兵地融合发展新格局。兵地经济融合不能仅靠行政的推动，也不能简单地“拉郎配”，必须以平等互利为基础、以市场导向为连接、以利益共享为原则，实现资源优化配置和增长方式的转变，打破旧的生产关系，建立适应生产力发展的新的生产体系。把兵地融合发展的重点放在产业结构调整和发展特色经济上。长期以来，新疆的产业结构调整力度不大，致使兵地之间在结构上大都趋于雷同，重复建设和开发。所以，不断调整产业结构应该是今后兵地融合发展的重点。要在宏观上全盘考虑、统筹规划，从全局出发，因地制宜，取其所长，突出特色，使产业结构不断趋于合理和优化，使兵地在融合发展中都得到较好的效益。加快优势资源转换，联合开发、共同利用，是兵地融合发展的主要内容。新疆的资源优势由于诸多原因未能更好地转变为经济优势。现在应把优势资源转换作为兵地融合发展的主要内容，而兵地融合发展又可为资源转换创造条件。新疆重要的资源开发性基地建设要兵地形成合力，共同开发、共同利用，在共享的基础上加快开发利用进度。

（三）兵地发展融合经济，实现新疆生态、经济可持续发展是兵地和谐发展的保障

1. 建立兵地经济融合发展与生态环境保护和建设的综合决策机制

兵地经济融合发展必须遵循社会经济发展的客观规律，需要近期与长远目标的统一，局部与全局的兼顾。在统一的管理体制下，坚持统筹兼顾、综合决策、合理开发的原则。任何一方进行的资源开发活动都必须充分考虑生态环境的承载能力，绝不允许以牺牲生态环境为代价，换取眼前的和局部的经济利益。同时，环境保护和建设工作必须树立为经济建设服务的思想，围绕经济发展的各个环节提供保障。通过促进产业结构调整，实现高科技含量、低能源与资源消耗，最大限度地减少乃至消除环境污染。只有这样才能为经济的可持续发展提供必要的保障。

2. 彻底转变兵地经济发展模式

增长不等于发展，发展不是单纯追求经济增长，那种高投入、高消耗、高污染的粗放式增长必然导致经济结构失衡、经济效益低下，增长后劲不足，最终不能实现经济持续的增长。这不是真正的发展。兵地发展融合型经济必须走科技含量高、经济效益好、资源消耗低、环境污染少、人力资源优势得到充分发挥的新型的、可持续发展的工业化道路，改变高成本、低效益的增长模式。发展兵地生态农业，应提高无公害食品、绿色食品、有机食品的比重。同时大规模发展绿色林果业，实现经济与环境的双重效益。

3. 兵地发展融合经济需要出台有利于生态环境保护和建设的政策

（1）出台有利于生态环境保护和建设的优惠政策。虽然兵地已经出台了一系列有利于生态环境保护和建设的优惠政策，如内资企业在新疆兴建基础设施、生态环境建设和高新技术项目，在 8 年内免征企业所得税、房产税等，期满后，减征所得税；投资退耕还林还草、保护生态环境的项目，其产出的农业特产收入，在 20 年内免征农业特产税。例如，兵团农一师十二团为加快退耕还林还草、加快生态环境建设，出台了一系列优惠政策。实行“谁退耕，谁造林，谁经营，谁受益”的政策，以鼓励退耕还林还草。但在目前，兵地就发展融合经济中双方如何共同合作进行生态环境保护、建设，坚持可持续发展方面还缺少有针对性的鼓励和优惠政策。

（2）出台适应市场经济的自然资源权属政策。在兵地经济的融合发展中，几乎所有的生态环境保护和建设活动都不同程度地涉及自然资源权属问题。合理设置自然资源产权制度是推动新疆生态环境保护和建设，以及可持续发展的重要途径。在市场经济体制下，任何交易的真正基础是交易物所有者对交易物所拥有的权利。拥有可供支配的自然资源是开发者或厂商对自然资源进行合理开发、利用和保护的先决条件，一个开发者或厂商拥有可以自由处分的自然资源权，就能够成为自觉合理利用和保护自然资源的独立主体。要想使新疆生态环境保护和建设得到长足的发展，必须将土地产权管理规则与土地产权交易规则分开，明确自然资源权属，为生态环境保护和建设的投资者或厂商（单位和个人）提供产权保障，使兵地融合经济能更快地走上可持续发展的道路。

（3）建立有利于生态环境保护和建设的利益激励机制和市场机制。生态环境保护和建设不仅是一项需要大量劳力和投资的工作，而且是一项需要长期坚持和全面推广的工作，因此需要一种长期有效的运作机制。没有利益就是没有动力，没有动力就没有活力。生态环境保护和建设的关键是建立一种利益驱动机制，使每一个人在谋取自己利益的同时为生态环境保护和建设尽责任。适应市场规律，制定和实施运用经济杠杆和引入市场机制的经济政策，实行"谁投资，谁获利，谁绿化，谁所有，谁治理（荒山），谁受益"的原则，就可以调动不同地区、不同行业、不同所有制的投资者从事环境保护和生态建设事业。

第二章　兵团工业发展的历程

第一节　兵团工业发展历程回顾

一、兵团工业发展雏形

部队进疆初期，为了响应毛主席“减轻人民负担，医治战争创伤，迅速恢复国民经济”的号召，在极其困难的条件下，节衣缩食，积累资金，新中国成立后新疆建立起了八一钢铁厂、六道湾煤矿、韦湖梁电厂、八一水泥厂、七一棉纺厂、十月汽车修配厂、八一面粉厂等一批工业企业。同时为满足部队生产生活的需要，在驻地建起一批小型发电站和轧花、磨面、碾米、砖瓦、被服、木工等小型工厂共 76 座。1952 年冬，新疆军区根据中央指示，将部队修建的 19 个厂矿移交地方，只保留少量为农业生产和生活服务的磨面、轧花、榨油、农机修理等手工业生产和半机械的手工作坊工厂。

二、大力发展时期的工业

1954 年兵团成立后，随着农垦事业的迅速发展，逐渐形成了门类繁多、品种比较齐全、以农副产品加工为主的工业体系。到 1957 年，南北疆各垦区和农牧团场兴建了包括面粉、碾米、轧花、榨油、被服、铁木加工、煤矿、发电、农机具修配、食品加工等115个小型企业。1958～1960年兵团兴办了钢铁厂、煤矿、电力、化工、机械、建材等130个工业企业。一批大中型骨干企业如制糖厂、纺织厂、毛纺厂等先后建成投产，形成以农副产品加工为主，电力、煤炭、建材、化肥相应配套的工业体系。许多行业填补了自治区的空白，有些产品在技术和产品质量上也处于领先地位。通过贯彻1961年中央提出的“调整、巩固、充实、提高”的八字方针，兵团工业进行了调整，工业内部结构趋于合理，经营管理水平和生产水平都有了显著的提高，出现了1964～1966年3年在质量和效益上的发展，产品质量、原燃材料消耗、产品成本、经济效益上都创造了历史最好水平。在自治区同行业的质量评比中，兵团的棉布、棉纱、呢绒、书写纸、白酒、色织布、奶粉等多种产品均名列前茅。1966年兵团工业总产值占兵团工农业总产值的42.5%，比1960年提高了26.9%。“文化大革命”的10年间，兵团体制撤销，兵团企业除保留部分工副业外，全部移交地方。

三、兵团工业恢复发展时期

1981年兵团体制恢复，使工业生产取得恢复性的发展。改革开放后的“六五”时期，工业总产值翻了一番，由1980年的7.92亿元增加到1985年的16.19亿元，提前一年完成“六五”计划指标。进入“七五”时期以后，兵团经济适应商品经济的发展，以效益为中心，以市场为导向，深化内部改革，为工业生产注入了新活力。同时增加投入，对重点行业和大中型企业进行有计划的技术改造，共投入资金12亿元，比“六五”时期增长1倍。通过技术改革，改善了产业结构，主要产品的生产能力得到扩大，产量增加。1990年与1980年相比，原煤增长29%，发电量增长1.69倍，钢材增长1.53倍，棉纱增长3.14倍，棉布增长1.38倍，精细呢绒增长1.04倍，机制糖增长44%，白酒增长2.18倍，机制纸及制板增长1.58倍，水泥增长3.5倍。

企业管理基础工作得到加强，企业素质有了较大的提高。兵团有28个企业进入国家和自治区先进企业的行列，其中国家二级企业2个，自治区一级企业16个，自治区二级企业10个，11个企业获质量管理奖，创优质产品334项。“八五”时期对纺织、名优特食品、现代农业设备、优质新型建材等有资源依托和市场前景好的重点骨干企业加大投改力度，共投入技改资金22亿元。对7个门类、13个行业、50个企业进行了改造，新增产值9亿元，利税2亿元，投入产出之比大于1，资金利税率近20%。和“七五”期间相比，主要物耗、产品成本有所下降，全员劳动生产率、优质产品产值率有所提高。

“九五”时期兵团加大企业改革、改组、改造力度，以纺织、轻工、食品、建材、化工等行业大中型骨干企业为龙头，组建企业集团，提高产业集中度和产品开发能力。国有独立核算企业进行资产重组和技术改造，继续保持良好的增长势头，重点优化纺织、食品、建材、矿工、化学、农用机械和节水器材等行业，共投入3.09亿元，比“八五”时期增长40.5%，占工业投资35%，工业总产值达到97.69亿元，平均增长7%。截至2003年兵团工业基本形成了以农产品加工业、能源工业、基础原料为主的工业体系，包括电力、煤炭、冶金、机械、建材、轻工、纺织、食品、化工、医药10个大类、4796个工业企业，兵团工业具有了一定的产业规模，拥有固定资产原值109亿元，净值76.66亿元，其中电力工业占5%、化学工业占2.35%、机械工业占2.1%、建材工业占9.9%、纺织工业占2.1%、轻工业占47%、食品工业占4.5%。2003年全兵团完成工业增加值43.7亿元，同比增长15.2%，完成工业总产值121.83亿元，同比增长15.2%，其中轻工业完成75.55亿元，同比增长16.3%，重工业完成45.98亿元，同比增长12.9%。

“十五”期间，依托现有基础和资源优势，以高新技术和先进适用技术为支撑，以信息化带动工业化，调整工业布局和结构，做大做强食品、纺织、建材、农用四大支柱工业，积极发展造纸、化工、能源、医药、环保等工业，到2005年，拥有工业企业3006家，涉及电力、煤炭、冶金、建材、机械、轻工、纺织、食品、医药、化工10个门类，基本上形成了以农产品加工业为主体，能源工业、基础原料工业等相配套的工业体系。兵团五年累计工业投资由“十五”时期的143.3亿元增加至“十一五”时期的595.9亿元，增长3倍多，年均增长40%，占新疆生产建设兵团投资比重由2005年的28.3%提高到2010年的51.4%，提高约23个百分点。

四、新的发展时期——走新型工业化道路

2005年6月召开了兵团党委工业工作会议，通过了《关于加快推进新型工业化的决定》，走新型工业化道路就是信息化与工业化紧密交融的道路，是集约型的经济增长道路，是经济增长与环境保护、社会发展相协调的道路，是人力资源得到充分发挥的道路，是以人为本的发展道路，是追求收入分配相对公平的发展道路，是劳动密集型、资本密集型、技术密集型和知识密集型等各种生产要素相结合的共同发展道路。

经过50年的发展，兵团大农业优势明显，但农业的潜力和作用是有限的。新时期、国际国内形式正发生着新的变化，兵团肩负的屯垦戍边任务更加繁重和艰巨，必须突破以农业发展为主的发展格局，把推进新型工业化进程作为兵团经济发展的重中之重，强化和突出工业的主导地位和作用，以工业化推动农业现代化建设，加速第二、三产业的发展，大幅度提高兵团社会生产力水平，壮大屯垦戍边的实力，增强履行屯垦戍边历史使命的能力，更好地发挥党和国家赋予兵团"稳疆兴疆，富民固边"的作用。

第二节　兵团工业发展状况

一、兵团各时期工业经济总量分析

兵团工业以重点产业、重点企业和重点项目为突破口，把壮大经济总量与优化工业结构有机结合起来，加快新型工业化建设步伐。兵团依托10大农产品规模化基地建设，棉纺、粮油、果蔬、酒业、畜牧业和种子六大产业逐步发展壮大，推动形成一批关联度高、带动力强的产业化龙头企业，有效地带动了农业产业化发展。兵团重要年份的工业总产值如表2－1所示。

表 2－1　兵团重要年份工业总产值　　单位：万元

年份	工业总产值	年份	工业总产值	年份	工业总产值
1954	9257	1992	570925	2001	751101
1957	23516	1993	624876	2002	828380
1962	53529	1994	674539	(2002)	765015
1965	87337	1995	763589	2003	879565
1970	121201	(1995)	476580	2004	1030142
1975	31346	1996	528720	2005	1253271
1980	150486	1997	580119	2006	2080206
1985	307673	1998	595015	2007	2795428
1990	474344	1999	648562	2008	3494627
1991	561456	2000	682724		

注：1. 本表数据来自《新疆生产建设兵团统计年鉴 2009》，2005 年以前绝对数为可比价数据。

2.（1995）年以后总产值中棉花加工按加工费计算总产值。

3. 本表 2003 年数据按新口径统计，(2002）年前为老口径。

由表 2－1 可知，在 1954～1970 年兵团大力发展时期的工业发展迅速，由 1954 年的工业总产值的 0.93 亿元迅速增加到 1970 年的 12.1 亿元，比 1954 年工业总产值增加了 13 倍。“文化大革命”期间，兵团事业遭到严重破坏，工业生产不断下降，工业遭到重创。在兵团体制被恢复后，1981～2004 年是兵团的发展期，1981～1992 年为兵团的恢复期，工业总产值曲线向上凸，说明工业总产值在这一期间缓慢增长，由 1980 年工业总产值的 15.05 亿元增加到 1992 年的 57.10 亿元。1993～2004 年为兵团的发展期，工业总产值曲线向下凸，工业总产值增长较快，1992 年工业总产值为 62.49 亿元，到 2004 年为 103.01 亿元，增长了近一倍。2005～2008 年是兵团走新型工业化时期，从表中可以看出，兵团新型工业化道路非常成功，工业总产值增长率非常高，工业总产值从 2005 年的 125.3 亿元迅速增加到 2008 年的 349.5 亿元，4 年增长了近两倍，新型工业化道路效果非常明显。

二、兵团工业经济及占新疆比重分析

1990～2008 年，兵团经济实力明显提升，“十一五”时期，兵团生产总值年均增长12.9%，为“七五”以来发展速度最快的5年，经济总量五年跨越4个百亿元台阶，2010年兵团工业经济占新疆的比重达到14.2%。表2-2为1990~2008年兵团工业经济占新疆比重情况。

表2-2 兵团工业经济占新疆比重分析 单位：亿元

年份	兵团工业总产值	新疆工业总产值	占新疆的比重（%）
1990	44.45	219.92	20.21
1991	57.38	280.59	20.45
1992	59.23	317.22	18.67
1993	71.78	448.51	16.00
1994	96.31	590.52	16.31
1995	70.93	593.43	11.95
1996	81.62	682.24	11.96
1997	90.27	771.17	11.71
1998	88.2	758.01	11.64
1999	92.77	802.09	11.57
2000	97.69	1061.29	9.20
2001	106.58	1084.22	9.83
2002	102.36	1133.38	9.03
2003	121.83	1330.15	9.16
2004	144.48	1756.18	8.23
2005	175.64	2358.83	7.45
2006	217.51	2894.88	7.51
2007	288.71	3471.51	8.32
2008	380.25	4639.02	8.20

注：1. 本表数据来自《新疆生产建设兵团统计年鉴2009》。

2. 表中数据均按当年价计算。

由表2-2可知，兵团工业总产值占整个新疆的比重在1990~1995年期间下降较快，从1990年的20.21%下降到1995年的11.95%，在1996~1999年兵团工业总产值占整个新疆的比重比较稳定，一直保持在11%~12%，兵团在2000~

2004年期间工业总产值占整个新疆的比重缓慢下降，从2000年的9.2%下降到2004年的8.23%，综合起来在1990~2004年期间，兵团工业总产值占整个新疆的比重有总体下降趋势，说明兵团工业和新疆工业的差距在逐年变大，兵团工业发展越来越落后于新疆工业水平。在2005年以后，兵团工业总产值占整个新疆的比重有小幅上升趋势，说明兵团工业在实施新型工业化道路以后，兵团工业发展和新疆工业的差距在减少，说明兵团新型工业化道路对兵团工业有着显著促进发展的作用，说明兵团实行新型工业化道路势在必行，是发展新疆生产建设兵团工业的必由之路。

三、兵团各时期工业结构分析

1. 轻重工业产值比较

从表2-3可见，1954~1957年霍夫曼系数上升，1958~1975年霍夫曼系数下降，1976~1994年霍夫曼系数上升，1995~2004年霍夫曼系数下降，2005~2008年霍夫曼系数保存稳定，保持在1左右，1995年后霍夫曼系数基本呈下降趋势。根据霍夫曼理论，当一国的重工业与轻工业产值之比小于1时，说明该国进入了重工业时代。我国目前的这一比例为1.5左右，世界发达国家一般在2.5~3。兵团1990年为3.53，1998年为1.93，2008年为0.98，霍夫曼系数呈下降趋势。

表2-3 兵团轻重工业产值比较

年份	轻工业	重工业	霍夫曼系数
	产值（万元）	产值（万元）	
1952	1894	1327	1.43
1954	3895	1808	2.15
1957	11183	3455	3.24
1962	24877	12309	2.02
1965	38154	14959	2.55
1970	43152	21137	2.04
1975	9399	7148	1.31

续表

年份	轻工业	重工业	霍夫曼系数
	产值（万元）	产值（万元）	
1978	36413	18098	2.01
1980	62627	27614	2.27
1985	127109	54692	2.32
1990	346263	98227	3.53
1991	448366	125400	3.58
1992	437418	154893	2.82
1993	526035	191767	2.74
1994	763626	199486	3.83
1995	1092950	231618	4.72
(1995)	504498	204792	2.46
1996	560863	255367	2.20
1997	621152	281565	2.21
1998	581068	300984	1.93
1999	602190	307157	1.96
2000	661985	314941	2.10
2001	652365	413387	1.58
2002	715376	424767	1.68
(2002)	607543	416019	1.46
2003	758540	459802	1.65
2004	845478	599312	1.41
2005	929263	827165	1.12
2006	1084057	1091013	0.99
2007	1492025	1395093	1.07
2008	1879540	1922964	0.98

注：1. 本表数据来自《新疆生产建设兵团统计年鉴2009》。

2. （1995）年以后总产值中棉花加工按加工费计算总产值。

3. 本表2003年数据按新口径统计，（2002）年前为老口径。

从轻重工业结构看，兵团轻重工业比例不合理，受农副产品加工比重较大影响，轻工业比重远高于重工业。1952～2008年间兵团轻、重工业产值统计数据可以看出，除1975年外，兵团轻、重工业在绝对量上均保持持续增长。1994年兵团轻工业产值为76.36亿元，所占比重达到历史最高水平为79.3%，工业总产值最低的1975年，轻工业产值为0.94亿元，仍然达到了56.8%。近10年来，兵团轻、重工业比重不协调状况有所缓解，如表2－3所示。2006年兵团重化工业发展迅速，重工业产值增速达到了27.0%，轻重工业结构由2004年的58.5∶41.5，调整为2005年的52.9∶47.1，继而又调整为2006年的49.8∶50.2，重工业产值第一次超过轻工业，在2007年轻工业产值超过重工业，2008年重工业产值再次超过轻工业，近3年轻重工业产值相互交替。

2. 工业内部产业结构分析

从工业内部产业结构看，2006年兵团采掘业、制造业和电力、煤气及水的生产和供应业完成产值比重分别为4.3%、88.4%和7.4%，可见，制造业是兵团工业的主体。其中农副食品加工业、纺织业、食品制造业和化学原料及化学制品制造业等都已形成较大规模，2006年产值分别达55.13亿元、39.08亿元、44.21亿元和62.81亿元，四个行业完成产值占总量56.73%，是兵团工业的支柱产业。兵团制造业中，农副产品加工产业链较短，深加工产品比例较低，缺乏竞争优势产业或产业群，更缺乏高新技术产业和自动化程度高的装备工业。

从工业企业所有制结构看，长期以来兵团工业投资主要以国有资本为主，民营资本和外商投资为辅。2008年规模以上国有及国有控股工业企业实现增加值71.67亿元，占工业增加值总额59.65%，比全国平均水平高10多个百分点。市场经济条件下，多种所有制经济共同发展，是国民经济发展的动力所在。近几年，国家级石河子经济技术开发区吸引了大量民营资本、港澳台资本，国外资本也开始进入，国有资本比重逐步下降，投资结构得到优化。2006年，私营企业、港澳台商和外商投资企业完成工业总产值占总量14.6%，较2001年提高11个百分点。可见，加大招商力度，引进海内外具有资金优势、技术优势、品牌优势的企业和企业集团，以合资、合作的方式开发兵团优势资源，可以改善兵团工业投资结构，提高企业竞争活力。

四、兵地各时期工业固定资产投资分析

对兵团1990～2004年间的工业固定资产投资与GDP作相关分析，相关系数为0.985，表明经济增长与固定资产投资增长呈较强的正相关关系，固定资产投资对工业经济增长具有很强的推动力。固定资产投资对兵团工业经济增长的作用存在时滞性。根据资料分析，兵团当期固定资产投资增长率的高低对滞后一期GDP增长率的快慢有决定性影响，当期投资增长率增加，滞后一期经济增速加快，当期投资增长率减少，滞后一期经济增速放慢，二者升降幅度不成正比，却呈同方向变动。

基于固定资产投资对兵团工业GDP增长具有极大的促进作用，做二者的拟合曲线，发现二者的关系近似为一条直线，符合线性回归条件，建立计量经济模型：$y0 = a0 + a1xt + \varepsilon$，式中y0为当年GDP值，xt为t年固定资产投资额，ε为随机扰动项，利用兵团1990～2004年间数据做回归分析，回归方程如下：

$Y0 = 352853.9 + 2.03xt$ ①

(3.11) (11.92) D.W = 2.14 R2 = 0.988 F = 240.10

$Y0 = 535339.1 + 2.04xt - 1$ ②

(3.71) (11.12) D.W = 2.02 R2 = 0.982 F = 278.43

$Y0 = 616774.4 + 2.29xt - 2$ ③

(5.05) (12.82) D.W = 2.03 R2 = 0.986 F = 320.83

$Y0 = 702561.2 + 2.58xt - 3$ ④

(6.05) (12.80) D.W = 1.46 R2 = 0.982 F = 221.32

$Y0 = 784466.4 + 2.89xt - 4$ ⑤

(3.81) (6.91) D.W = 1.51 R2 = 0.948 F = 63.97

给定显著性水平a = 0.05，ta/2（n - k - 1） = t0.025（13） = 2.16，Fa（k，n - k - 1） = F0.05（1，13） = 4.67，查D.W检验上下临界值表得dL = 1.077，du = 1.361，4 - du = 2.639，经检验，上述5个回归方程均不存在自相关、异方差和多重共线性，各项检验指标均通过（包括t检验和F检验），且拟合优度较高，方程的拟合效果很好。回归方程表明，固定资产投资对兵团区域经济增长存

在着显著的影响，当年（t）投资乘数为2.03，向前推移1年的投资乘数为2.04，向前推移2年、3年和4年的投资乘数分别为2.29、2.58、2.89。换言之，即当年投入1单位工业固定资产会使当年GDP增加2.03个单位，使滞后1年、2年、3年、4年的GDP分别增加2.04、2.29、2.58和2.89个单位。充分说明兵团固定资产投资具有时滞特征，当年投资对当年经济增长作用较小，对今后各年经济增长作用较大。至于兵团固定资产投资的滞后期长度的确立问题，有待深入研究，本书将不做细究。

五、兵团各时期工业布局状况分析

兵团各师所处地理位置、资源禀赋条件和工业发展基础的不同，导致各师工业发展在地域分布、企业规模、增长速度、产业结构和产值比重等方面都存在较大差异，见表2-4，从而形成了兵团工业布局。2006年，工业总产值超20亿元的一师、四师、六师、七师、八师5个师，完成工业总产值总和为254.37亿元，占兵团71.71%，除一师地处南疆外，其余4个师均在北疆。在兵团18个师级汇总单位中，八师工业生产能力最强，完成产值最多，达138.63亿元，占兵团39.08%，而工业从产值最低的十四师仅为0.52亿元，占兵团0.1%。

表2-4　兵团各师工业总产值比较

单位	2007年		2008年		平均比重
	绝对量（万元）	比重	绝对量（万元）	比重	
总计	2674160	1.000	3547182	1.000	1.000
一师	270179	0.101	371228	0.105	0.103
二师	139031	0.052	190693	0.054	0.053
三师	45100	0.017	62871	0.018	0.017
四师	193742	0.072	250095	0.071	0.071
五师	69287	0.026	93628	0.026	0.026
六师	202591	0.076	293021	0.083	0.079
七师	199072	0.074	243077	0.069	0.071
八师	1031347	0.386	1386264	0.391	0.388

续表

单位	2007 年		2008 年		平均比重
	绝对量（万元）	比重	绝对量（万元）	比重	
九师	44482	0.017	54466	0.015	0.016
十师	50959	0.019	63159	0.018	0.018
建工师	21477	0.008	26142	0.007	0.008
十二师	29875	0.011	45556	0.013	0.012
十三师	70792	0.026	100411	0.028	0.027
十四师	5534	0.002	5280	0.001	0.002
国资公司	48280	0.018	106113	0.030	0.024
新天集团	21843	0.008	26700	0.008	0.008
中基公司	211140	0.079	198085	0.056	0.067
兵团直属	19430	0.007	30394	0.009	0.008

通过以上分析可以看出，兵团 18 个师级汇总单位工业发展速度、产业化水平、所处发展阶段和工业布局都有很大的差别。一方面，位于天山北坡经济带的师工业总体发展情况较好，兵团主要优势工业企业分布在天山北坡经济带，尤其是集中在国家级石河子经济技术开发区，而位于边境地区和南疆的师，工业发展相对缓慢，企业个数较少，布局欠合理。另一方面，兵团大中型工业企业主要集中在兵团各师部所在地及相应的工业园区，而各团场工业受体制影响，多为农副产品初级加工和为团场内部服务的工业活动，规模相对较小。

第三章　兵地和谐理念下新型工业化进程实证分析

第一节　兵地和谐理念下的新型工业化

一、新型工业化的内涵及特点

1. 新型工业化的内涵

党的十六大首次提出“新型工业化”的命题：“实现工业化仍然是我国现代化进程中艰巨的历史性任务。信息化是我国加快实现工业化和现代化的必然选择。坚持以信息化带动工业化，以工业化促进信息化，走出一条科技含量高、经济效益好、资源消耗低、环境污染少、人力资源优势得到充分发挥的新型工业化路子。”这是在充分考虑本国国情的基础之上提出的新的工业化发展道路，它注重经济与资源环境的协调发展，同时在当前世界经济科技发展的大趋势下，通过科技与信息化来推进和加速工业化的发展，以实现跨越式发展的目标。可见，新型工业化的道路，应当是一个国家和地区经济、社会、环境和人等各方面因素综合发展的过程。各因素相互协调、相互促进，以实现经济发展、资源永续、环境健康、人类生活质量不断提高的整体功能。

2. 新型工业化的特点

新型工业化有着丰富的内涵，其“新”主要是相对于发达国家传统工业化而言，具有鲜明的时代特征和中国特色。它指的是充分考虑我国的基本国情，在一定的工业化程度基础上，以信息化带动工业化，以工业化促进信息化，注重科技含量、经济效益的提高，注重资源消耗、环境污染控制，注重人力资源优势发挥，以此来实现跨越式发展的工业化过程。其特征贵在“新”字，具体表现为以下几个方面：

（1）新型工业化是信息化与工业化互动发展的工业化。以知识和技术为基础的信息化，在工业化物质和技术的基础上产生，也为工业化的延续开辟了新的道路。因此，以信息化带动工业化，以工业化促进信息化，既是我国新型工业化的最重要特征，又是新型工业化的实现方式。

（2）新型工业化是建立在科技进步基础之上，科技含量高的工业化。当今社会科技第一生产力的作用越来越突出，依靠科技进步，提高科技含量必将贯穿于整个新型工业化的全过程。为此，要加大对科技的投入，加快科技事业的发展，在工业领域及整个国民经济活动的各个环节广泛推广应用先进技术和科学管理方法，以推动并加速工业化进程。

（3）新型工业化是实现经济、人口、环境、资源相互协调、可持续发展的工业化。在新型工业化过程中特别强调降低资源消耗，加强环境保护和生态建设，强调处理好经济发展与人口、资源、环境之间的关系，以实现经济社会的可持续发展。

（4）新型工业化是充分发挥我国劳动力资源优势的工业化。人口众多，劳动力成本较低，是我国工业化资源禀赋的特殊性。因此，在工业化进程中处理好资本技术密集型与劳动密集型产业的关系，处理好高新技术产业与传统产业的关系，在提高劳动生产率的同时扩大就业，充分发挥我国劳动力资源的优势。

二、兵地和谐理念及兵团新型工业化

1. 兵地和谐理念的新型工业化内涵

温家宝总理在新疆、兵团考察工作时明确指出，兵团要加强与地方的经济联系，遵循经济规律和市场规律，加强兵地之间合作，发展兵地融合经济，做到资源共享、优势互补、共同繁荣。温家宝总理的这一重要指示，具有很强的针对性，必将对壮大兵团实力、推动兵团事业的发展产生深远影响。

本书将兵地和谐理念下的新型工业化界定为：在充分考虑兵团经济和新疆地方经济发展基本现实的基础之上所提出的新的工业化发展道路，它注重将兵团和新疆地方经济与资源发展的优势互补，充分将资源开发利用，谋求区域经济发展与保护环境有机协调起来，同时在当前世界经济科技发展的大趋势下，通过科技与信息化来推进和加速工业化的发展，以实现跨越式发展的目标。因此，兵团新型工业化的道路，应当是兵团和新疆地方经济、社会、环境和人等各方面因素综合发展的过程。各因素相互协调、相互促进，以实现经济发展、资源永续、环境健康、人民生活质量不断提高的整体功能。

2. 兵地和谐理念下推进兵团新型工业化

兵团50年的历史，是一部与新疆各民族人民一道开发建设、共同发展的历史，同时也是一部与新疆各族人民互相支持、融合发展、共同进步的历史。在新的历史时期，我们要认真学习贯彻落实温家宝总理的重要讲话精神，进一步加强兵地合作，再续兵团融合发展的新篇章。

（1）加强兵地合作、发展融合经济，必须正确处理好兵团与地方的关系。胡锦涛总书记在新疆考察工作时，明确要求兵团要处理好与地方的关系，温家宝总理考察新疆和兵团工作也提出了同样的要求。这足以说明这一问题至关重要。兵团是新疆的重要组成部分，我们一定要坚持自觉服从自治区党委、人民政府的领导，坚持把兵团事业放到新疆工作的大局中去谋划。只有这样，新疆的各项事业才能形成一个有机的整体，才能得到协调发展，兵团的各项工作才能得到自治区的更有力的支持。

（2）加强兵地合作、发展融合经济，必须倍加珍惜兵地“边疆同守、资源共享、优势互补、共同繁荣”的良好局面。多年来，自治区各级党委、政府和各族人民对兵团改革发展给予了大力和无私的支持。特别是改革开放以来，兵地融合发展的关系进一步得到加强。在党中央的关怀、自治区党委和政府的支持下，兵团和地方一样可以享受国家对西部地区大开发的全部优惠政策，可以享受自治区及各地州关于招商引资、开发资源的优惠政策，可以共同参与自治区大型水利、生态和基础建设工程。这一切，强有力地推动着兵团事业的发展。我们一定要全力维护这一良好局面，用扎实而富有成效的工作回报党中央、自治区党委和政府的关怀和支持。

（3）加强兵地合作、发展融合经济，必须不断推动兵地团结、民族团结，坚持长期为新疆人民多办实事、多办好事。50 年来，兵团与地方相互支援，形成了各民族和谐相处、团结如一家的鱼水关系。我们要教育广大干部和职工群众，不断用扎扎实实的具体行动，来进一步巩固和加强兵地团结、民族团结，使兵地之间、各民族之间的关系更加和谐稳固。

（4）加强兵地合作、发展融合经济。加强兵地合作、发展融合经济，必须把解决好兵地之间利益联结机制作为关键，努力建立起兵地团结合作、相互学习的长效机制，在实现兵团自身发展、壮大屯垦戍边实力、致富职工群众的同时，发挥好对地方的辐射和带动作用，更多地支援和参与地方经济社会发展，造福新疆各族人民。加强兵地合作、发展融合经济，是一项具有重大现实意义和深远历史意义的重要工作。

我们深信，在党中央、国务院、自治区党委、政府的关心支持下，通过兵团广大干部群众及全疆各族人民的共同努力，一定能开创崭新的工作局面，不断把屯垦戍边千秋伟业推向前进。

第二节　兵地和谐理念下新型工业化水平测度的评价模型的构建

一、兵团新型工业化进程评价指标体系的构建

基于前文对工业化以及新型工业化的研究综述，本书从新型工业化丰富的内涵出发，试图通过指标体系以及模型的构建，对新型工业化进程评价进行探索性

研究，本部分将重点探讨评价指标体系的构建。

指标体系的构建过程是一个从具体到抽象再到具体的辩证逻辑思维过程，是人们对现象总体数量特征的认识逐步深化、逐步完善并随之系统化的过程，通常可分为理论准备、指标体系初选与指标体系优化三个环节。按此构建思路，本章遵循指标体系构建原则，进行我国新型工业化进程评价指标体系的初选和优化，拟构建出一个较为科学合理的指标体系，以全面反映兵团新型工业化的进程。

1. 指标体系构建原则

科学合理的指标体系是系统评价准确可靠的基础和保证，也是正确引导系统发展方向的重要手段。因此，指标体系的建立必须遵循一定的原则，而不能是一组任意指标的简单堆砌。综合多方观点并进行分析提炼，本书认为新型工业化评价指标体系的构建应遵循以下原则：

（1）科学性原则。科学性是指评价工作得以进行的基础和前提。指标体系的建立应遵循客观规律，从而使评价结果能够尽可能地反映客观实际。新型工业化的基本特征和要求是其指标评价体系建立的基本依据，也成为反映该指标体系设计是否科学合理的基本尺度。

（2）系统性原则。系统性是指指标体系不能是指标的简单堆砌，而应是一个统一的有机整体。指标的选取不仅要从不同角度反映新型工业化的发展状况，还要能体现新型工业化内涵中各个方面的内在联系。

（3）可行性原则。可行性是指指标体系要尽可能在科学、客观、合理的基础上，兼顾指标的实用性和可操作性。新型工业化的测度与评价是一项实践性很强的工作，因此在指标的选取上，要立足现状，力求把握新型工业化最本质、最基本的特征，选取那些概括性强、所代表的信息量大，容易获取的指标。

（4）可比性原则。可比性是指所选择的指标在计量口径、计量方法、指标上所反映的内容在时间和范围上具有一致性。它要求指标设计要内涵一致、尺度统一。同时应吸收国内外工业化进程评价有益的量化指标，从而使该指标体系既可以进行纵向的历史动态分析，又可实现对省际间的横向比较，以便于对新型工业化的发展进程和横向差异进行深入评价和分析。

2. 指标体系的初选

本书在新型工业化理论研究综述的基础上，遵循指标体系构建原则，对指标体系进行初选。指标体系的初选通常有以下五种方法：分析法、频度统计法、综合法、交叉法以及指标属性分组法。本课题主要采用频度统计法。

频度统计法是对目前有关该领域的评价研究的报告、论文进行频度统计，选择那些使用频度较高的指标，从而使指标体系更加全面。为了掌握当前新型工业化指标的研究现状，更加科学、合理地构建新型工业化水平评价指标体系，共查阅并整理了35篇有关新型工业化指标体系研究的文献。通过对35篇相关研究的文献进行统计分析，并借鉴了部分工业化发展阶段评价和可持续发展评价的有关文献及国家有关文件，对其中已有新型工业化评价指标进行了频度统计，见表3－1～表3－6。构建出反映一国和地区新型工业化进程的初选评价指标体系。以此作为构建兵团新型工业化水平评价指标体系的基础和依据。

3. 指标体系的优化

科学的指标及指标体系是获得正确统计分析结论的重要前提。根据指标体系构建思路，初选的指标体系还需进行科学性测验，即优化处理。指标体系的优化分为单项指标优化和指标体系的整体优化。单项指标的优化是对指标体系中每一个指标的可行性、正确性进行分析。可行性是指指标数据能够及时准确地获得，而正确性是指指标的计算方法、计算范围及计算内容应该科学。根据指标体系构建原则，初始指标的选取严格遵循科学性、可行性原则，从而保障了指标在技术上和经济上的可行性。而在指标的正确性上，因为指标数据大都来自于年鉴统计数据，避免了人为计算因素所带来的偏差，有效地保障了指标的正确性。此外，对于尚未纳入年鉴统计的少量指标通过频度统计法选取，其可行性、正确性也已得到较好的实践证明。该指标体系最初是由30个指标构成，它们分别从工业化、科技含量、经济效益、资源与环境、人力资源以及信息化等方面较为全面地反映新型工业化进程，见表3－1。

表3-1 新型工业化水平评价指标体系筛选——发展水平指标

准则层	评价层		专家咨询法调整
	频度统计法初步指标筛选	频度统计（%）	
发展水平	1. 人均GDP	64.4	√
	2. GDP增长速度	3.22	
	3. 城镇化率（%）	1.61	
	4. 财政收入占GDP比重	1.61	
	5. 人均地方财政收入额	1.61	
	6. 各地工业财政支出占总财政支出比重	3.22	
	7. 进出口总额占GDP比重	24.15	√
	8. 制成品出口额占出口总额比重	3.22	
	9. 第一产业增加值占GDP比重	16.1	√
	10. 第三产业增加值占GDP比重	16.1	√
	11. 农业就业人数占总就业人数比重	48.3	√
	12. 工业从业人员比重	3.22	
	13. 第三产业从业人员比重	6.44	
	14. 非农就业人口占总就业人口比例	1.61	
	15. 城镇恩格尔系数	26	√
	16. 工业增加值增长速度	12.1	√
	17. 人均社会消费品零售额	3.22	
	18. 文化生活服务性消费占居民消费比重	1.61	
	19. 失业保险覆盖率	6.44	
	20. 养老保险覆盖率	1.61	
	21. 基本医疗保险覆盖率	1.61	
	22. 基尼系数	3.22	
	23. 城镇居民人均可支配收入	1.61	
	24. 农村居民人均纯收入	1.61	
	25. 人口火灾发生率	1.61	
	26. 交通事故死亡率	1.61	
	27. 农村居民人均住房面积	1.61	
	28. 每千人医生数	3.22	
	29. 平均预期寿命	6.44	

续表

准则层	评价层		专家咨询法调整
	频度统计法初步指标筛选	频度统计（%）	
发展水平	30. 固定资产非国有投资比重	3.22	
	31. 人均粮食产量	6.44	
	32. 城乡人均储蓄额之比	3.22	
	33. 人口自然增长率	3.22	

表3－2　新型工业化水平评价指标体系筛选——科技水平指标

准则层	评价层		专家咨询法调整
	频度统计法初步指标筛选	频度统计（%）	
科技水平	1. 科技活动经费占GDP比重	24.15	
	2. R&D经费占GDP比重	48.3	√
	3. 工业R&D经费支出占工业增加值比重	16.1	
	4. 高新技术产业产值占工业总产值比重	32.2	√
	5. 新产品产值率	16.1	√
	6. 新产品销售收入占全部销售收入比重	14.55	
	7. 高技术产业增加值占工业增加值比重	11.27	
	8. 高新技术产品出口交货值占工业品出口交货值比重	11.27	
	9. 技术进步对经济增长的贡献率	24.15	
	10. 万人科学家、工程师数	24.15	√
	11. 劳动密集型产业增加值增长率	1.61	
	12. 万人科技活动人员数	12.88	
	13. 科技经费投入指数	6.44	
	14. 地方财政科技拨款/地方财政支出	4.83	
	15. R&D活动人员全时当量	11.27	
	16. 万人专利授权量	32.2	√
	17. 企业消化吸收经费与技术引进经费比重	6.44	
	18. 万人技术成果交易额	11.27	
	19. 技术成果数	6.44	
	20. 高科技企业自主知识产权比重	1.61	
	21. 科技机构企业数比重	1.61	
	22. 科技论文数比重	1.61	
	23. 科研人员人均科技成果	1.61	
	24. 高新技术企业数	1.61	

表 3-3　新型工业化水平评价指标体系筛选——经济效益指标

准则层	评价层		专家咨询法调整
	频度统计法初步指标筛选	频度统计（%）	
经济效益	1. 成本费用利润率	40.25	
	2. 总资产贡献率	40.25	√
	3. 工业增加值率	24.15	√
	4. 全员劳动生产率	64.4	√
	5. 工业利润增长率	4.83	
	6. 外向型指数	4.83	
	7. 销售利润率	1.61	
	8. 产品销售率	11.27	
	9. 工业效益综合指数	9.66	
	10. 工业投资效果系数	1.61	
	11. 亿元固定资产投资新增非农就业人员数	1.61	
	12. 资产负债率	6.44	
	13. 流动资产周转次数	9.66	
	14. 工业化新产品质量提高率	1.61	
	15. 工业化新产品对市场占有率的贡献	1.61	
	16. 工业化新产品成本降低率	1.61	
	17. 人均工业增加值	1.61	
	18. 资产利税率	4.83	
	19. 高科技投资回报率	1.61	
	20. 工业投资额占城镇投资比重	1.61	
	21. 工业企业上缴税金占财政总收入比重	1.61	

表 3-4　新型工业化水平评价指标体系筛选——资源与环境指标

准则层	评价层		专家咨询法调整
	频度统计法初步指标筛选	频度统计（%）	
资源与环境	1. 万元产值综合能耗	48.3	√
	2. 工业废水排放达标率（%）	16.1	√
	3. 万元 GDP 耗水量	4.83	
	4. 万元 GDP 用电量	4.83	

续表

准则层	评价层		专家咨询法调整
资源与环境	频度统计法初步指标筛选	频度统计（%）	
	5. 资源消耗指数	1.61	
	6. 综合能耗产出率	4.83	
	7. 资源利用率	1.61	
	8. 万元 GDP 固体废物排放量（万吨/万元）	24.15	√
	9. 耕地保有率	4.83	
	10. 污染治理项目本年完成投资额（万元）	16.1	√
	11. 土地产出率	0.00	
	12. 能源加工转换效率	4.83	
	13. 森林覆盖率	4.83	
	14. 清洁生产技术推广度	1.61	
	15. 单位土地面积投资水平	1.61	
	16. 绿色 GDP 产值	1.61	
	17. 高耗能、高污染行业比重	1.61	
	18. 万元 GDP 废气排放量（亿标立方米/万元）	16.1	√
	19. 发电量	1.61	

表 3－5　新型工业化水平评价指标体系筛选——信息化水平指标

准则层	评价层		专家咨询法调整
信息化水平	频度统计法初步指标筛选	频度统计（%）	
	1. 信息产业增加值占 GDP 比重	1.61	
	2. 技术密集型产业产值比重	1.61	
	3. 信息产业产值占 GDP 比重	1.61	
	4. 每万人互联网用户数	24.15	√
	5. 百户城镇居民家用电脑拥有量	11.27	
	6. 百户农村居民电话及拥有量	9.66	
	7. 百人用户电话数（户/百人）	16.1	√
	8. 信息产品销售收入	1.61	
	9. 信息产业从业人员数占全部从业人员比重	11.27	√
	10. 信息产业利润	1.61	
	11. 信息产业利税	1.61	

续表

准则层	评价层		专家咨询法调整
	频度统计法初步指标筛选	频度统计（%）	
信息化水平	12. 年人均函数件	4.83	√
	13. 邮电业务总量	11.27	√
	14. 人均邮电业务总量	3.22	
	15. 每百户电视机数	13.88	
	16. 每平方公里人口数	1.61	
	17. 个人消费中杂费比重	4.83	
	18. 电子商务推广率	1.61	
	19. 政府政策信息化公开度	3.22	
	20. 信息产业总产值占工业总产值比重	3.22	
	21. 信息产品增加值占工业增加值比重	9.66	√
	22. 信息产业出口额占出口贸易总额比重	3.22	
	23. 每千人广播电视播出时间	3.22	
	24. 每万人图书、杂志、报纸总印张数	1.61	
	25. 人均电话通话次数	1.61	
	26. 每万人公共图书总藏量	1.61	
	27. 长途光缆线路长度	1.61	
	28. 工业领域信息技术类固定资产投资的产出弹性	1.61	
	29. 工业领域人均拥有计算机数量的增长率	4.83	
	30. 信息产业增长对国内生产总值增长的贡献率	6.44	
	31. 固定资产新旧程度	4.83	

表3-6 新型工业化水平评价指标体系筛选——人力资源水平指标

准则层	评价层		专家咨询法调整
	频度统计法初步指标筛选	频度统计（%）	
人力资源水平	1. 从业人员增长率	24.15	
	2. 城镇登记失业率	24.15	√
	3. 万人拥有科技活动人员（人/万人）	13.88	√
	4. 工业从业人员增长率	16.1	√
	5. 劳动密集型产业从业人员比重	1.61	

续表

准则层	评价层		专家咨询法调整
	频度统计法初步指标筛选	频度统计（%）	
人力资源水平	6. 技术密集型产业从业人员比重	1.61	
	7. 劳动就业的产业区位商（非农从业人员比重/非农产业增加值）	3.22	
	8. 工业职工收入的经济产出区位商（工业职工平均工资/人均工业增加值）	1.61	
	9. 教育经费占 GDP 比重	13.88	√
	10. 文盲率	13.88	√
	11. 每万人在校大学生数	11.27	√
	12. 高技术产业就业人员劳动生产率	1.61	
	13. 劳动力就业增加人数与 GDP 增长之比	4.83	
	14. 劳动密集型产业产值占工业总产值的比重	4.83	
	15. 人力资源开发投入比重	1.61	
	16. 高校招生数占总人口比重	4.83	
	17. 工业增加值增长率与工业从业人员增长率之比	1.61	
	18. 人口平均受教育年限	9.66	
	19. 高等学校教师数/从业人员	1.61	
	20. 高等学校研发经费/教育经费	4.83	
	21. 高等学校研发课题数	1.61	
	22. 高等学校在校研究生数	1.61	

依据上述频度统计分析，主要通过四个方面选取指标。首先，选出频度大于10%的指标，得到指标群1；其次，在指标群1中，排除掉指标内涵相似，反映内容相同的重复性指标，保留较有代表性且数据可得的指标，得到指标群2；再次，考虑增加一些由于某些主客观因素使用频度低或未曾被使用过，但对新型工业化水平有重要标志或促进作用的指标，得到指标群3；最后，通过专家咨询法，并根据兵地和谐理念，对指标群3作调整，并最终确定出评价兵团新型工业化水平的指标。如表3－7所示。

表 3－7 优化后的新型工业化进程评价指标体系

准则层	指标层
工业化发展水平	1. 人均 GDP（元） 2. 农业就业人数占总就业人数比重 3. 第一产业增加值占 GDP 比重 4. 第三产业增加值占 GDP 比重 5. 工业增加值增长速度 6. 城镇化率 7. 城镇恩格尔系数 8. 进出口总额占 GDP 比重
科技水平	9. R&D 经费支出占 GDP 比重 10. 高新技术产业增加值占工业增加值比重 11. 新产品产值率 12. 万人专利授权量（项/万人）
经济效益	13. 总资产贡献率 14. 工业增加值率 15. 全员劳动生产率（万元/人·年）
资源与环境状况	16. 万元 GDP 综合能耗（吨标煤/万元） 17. 工业废水排放达标率 18. 污染治理项目本年完成投资额（万元） 19. 万元 GDP 废气排放量（亿标立方米/万元） 20. 万元 GDP 固体废物排放量（万吨/万元）
人力资源开发与利用	21. 工业从业人员增长率 22. 城镇登记失业率 23. 万人拥有科技活动人员（人/万人） 24. 教育经费占 GDP 比重
信息化水平	25. 百人用户电话数（户/百人） 26. 年人均发函件数（件/人） 27. 邮电业务总量（亿元） 28. 万人国际互联网用户数（户/万人） 29. 信息工业增加值占 GDP 比重 30. 信息工业人员占全部从业人员比重

二、兵团新型工业化评价指标权重确定

本书所研究的关于新型工业化评价指标体系，分别从不同角度反映了兵团新型工业化的进程和工业经济增长质量及其水平。为验证其评价指标体系的合理性和探讨兵团和新疆地方新型工业化进程的规律性及所处的阶段和水平，本部分应用Delphi专家咨询法和层次分析法进行评价指标权重的求解，同时构建区域新型工业化评价模型，从不同方面进行分析研究，以探索出衡量新型工业化进程的评价标准。

由美国著名运筹学家萨蒂（T. L. Saaty）在20世纪70年代初提出的层次分析法（Analytical Hierarchy Process，AHP）是一种具有定性分析与定量分析相结合的决策方法，可将决策者对复杂对象的决策思维过程系统化、模型化、数量化。其基本思想是通过分析复杂问题包含的各种因素及其相互关系，将问题所研究的全部元素按不同的层次进行分类，标出上层与下层元素之间的联系，形成一个多层次结构。在每一层次，均按某一准则对该层元素进行相对重要性判断，构造判断矩阵，并通过了解矩阵特征值问题，确定元素的排序权重，最后再进一步计算出各层次元素对总目标的组合权重，为决策问题提供数量化的决策依据。运用AHP决策分析方法确定指标值的权重，计算步骤如下：

1. 计算步骤

（1）构造判断矩阵。判断矩阵表示针对上一层次中的某元素而言，评定该层次中各有关元素相对重要性的状况。其形式如表3－8。

表3－8　判断矩阵示意图

A_K	B_1	B_2	…	B_n
B_1	b_{11}	b_{12}	…	b_{1n}
B_2	b_{21}	b_{22}	…	b_{2n}
⋮	⋮	⋮	⋮	⋮
B_n	b_{n1}	b_{n2}	…	b_{nn}

其中，b_{ij}表示对于 A_K 而言，元素 B_i 对 B_j 的相对重要性的判断之值。B_{ij}一般取1，3，5，7，9五个等级标度，而2，4，6，8表示相邻判断的中值，当5个等级不够用时，可以使用这几个数。具体标度值及含义如表3－9所示。

表3－9　判断矩阵标度及其含义

标度值	含义
1	表示因素 B_i 与 B_j 比较，具有同等的重要性。
3	表示因素 B_i 与 B_j 比较，B_i 比 B_j 稍微的重要。
5	表示因素 B_i 与 B_j 比较，B_i 比 B_j 明显的重要。
7	表示因素 B_i 与 B_j 比较，B_i 比 B_j 强烈的重要。
9	表示因素 B_i 与 B_j 比较，B_i 比 B_j 极端的重要。
2，4，6，8	分别表示相邻判断1～3，3～5，5～7，7～9的中值。

显然，对于任何判断矩阵都应满足

$$\begin{cases} b_{ii}=1 \\ b_{ij}=\dfrac{1}{b_{ij}} \end{cases} (i,\ j=1,\ 2,\ \cdots,\ n) \quad ①$$

（2）将判断矩阵每一列归一化

$$\bar{b}=b_{ij}\Big/\sum_{k=1}^{n}b_{kj}\ (i=1,\ 2,\ \cdots,\ n) \quad ②$$

（3）对按列归一化的判断矩阵，再按行求和

$$\overline{W_i}=\sum_{j=1}^{n}b_{ij}\ (i=1,\ 2,\ \cdots,\ n) \quad ③$$

（4）将向量$\overline{W}=[\overline{W_1},\ \overline{W_2},\ \cdots,\ \overline{W_n}]^T$归一化

$$W_i=\overline{W_i}\Big/\sum_{i=1}^{n}\overline{W_i}\ (i=1,\ 2,\ \cdots,\ n) \quad ④$$

则 $W=[W_1,\ W_2,\ \cdots W_n]^T$ 即为所求的特征向量。

（5）计算最大特征根

$$\lambda_{max} = \sum_{i=1}^{n} \frac{(AW)_i}{nW_i} \quad ⑤$$

式中，$(AW)_i$ 表示向量 AW 的第 i 个分量。

（6）为了检验判断矩阵的一致性，需要计算它的一致性指标。

$$CI = \frac{\lambda_{max} - n}{n-1} \quad ⑥$$

在⑥式中，当 CI＝0 时，判断矩阵具有完全一致性；反之，CI 越大，则判断矩阵的一致性就越差。

为了检验判断矩阵是否具有令人满意的一致性，需要将 CI 与平均随机一致性指标 RI 与表 3－10 进行比较。一般而言，1 或 2 阶判断矩阵总是具有完全一致性的。对于 2 阶以上的判断矩阵，其一致性指标 CI 与同阶的平均随机一致性指标 RI 之比，成为判断矩阵的随机一致性比例，记为 CR。一般地，当时，就认为判断矩阵具有令人满意的一致性；否则，当 CR≥0.1 时，就需要调整判断矩阵，直到满意为止。

$$CR = \frac{CI}{RI} < 0.1 \quad ⑦$$

表 3－10　平均随机一致性指标

阶数	1	2	3	4	5	6	7	8	9	10	11	12	13	14	15
RI	0	0	0.58	0.9	1.21	1.24	1.32	1.41	1.45	1.49	1.52	1.54	1.56	1.58	1.59

2. 确定权重

结合以上分析，本课题采用 Delphi 专家咨询法和层次分析法，通过上述具体方法和步骤，得到了新型工业化评价各指标的权重值，并根据党的十六大确定的在 21 世纪头 20 年基本实现工业化、全面建设小康社会的战略目标，参照目前国际上中等发达国家或地区的评价水平和兵团一些专家学者的理论，结合当前国际国内发展的现状与趋势，确定了评价的标准值，具体见表 3－11。

表 3－11

<table>
<tr><th>准则层</th><th>指标层</th><th>标准值</th><th>选择依据</th></tr>
<tr><td rowspan="8">工业化发展水平</td><td>1. 人均 GDP（元）</td><td>30000</td><td>参考了有关文献，选择工业化中后期人均 5000 美元标准，且实现 2020 年 GDP 翻两番目标后，结合兵团实际咨询相关专家做了适当调整。该标准值是完全可以实现的</td></tr>
<tr><td>2. 农业就业人数占总就业人数比重（%）</td><td>20</td><td>考虑到中国农村劳动力就业的现实状况，并参考工业化中后期的就业结构确定该标准，结合新疆实际</td></tr>
<tr><td>3. 第一产业增加值占 GDP 比重（%）</td><td>8</td><td>选取原则与上指标同（1）</td></tr>
<tr><td>4. 第三产业增加值占 GDP 比重（%）</td><td>40</td><td>选取原则与上指标同（1）</td></tr>
<tr><td>5. 工业增加值增长速度（%）</td><td>12</td><td>在适度增长原则下确定该指标</td></tr>
<tr><td>6. 城镇化率（%）</td><td>55</td><td>中央及兵团关于推进城镇话化建设</td></tr>
<tr><td>7. 城镇恩格尔系数（%）</td><td>30</td><td>理想化标准</td></tr>
<tr><td>8. 进出口总额占 GDP 比重（%）</td><td>60</td><td>该标准是相对理想值</td></tr>
<tr><td rowspan="4">科技水平</td><td>9. R&D 经费支出占 GDP 比重（%）</td><td>3</td><td>参考发达国家标准，同时考虑新型工业化的内涵，目前该指标实际值在 1 左右</td></tr>
<tr><td>10. 高新技术产业增加值占工业增加值比重（%）</td><td>30</td><td>考虑高新技术工业在工业化发展中的地位，并参考了兵团文件加快走新型工业化道路意见的文件的有关规划目标</td></tr>
<tr><td>11. 新产品产值率（%）</td><td>40</td><td>同上</td></tr>
<tr><td>12. 万人专利授权量（项/万人）</td><td>+</td><td>参考发达地区水平</td></tr>
<tr><td rowspan="6">经济效益</td><td>13. 总资产贡献率（%）</td><td>16</td><td>发达国家在工业化中后期的水平</td></tr>
<tr><td>14. 工业增加值率（%）</td><td>+</td><td>在适度增长原则下确定该指标</td></tr>
<tr><td>15. 全员劳动生产率（万元/人·年）</td><td>10</td><td>0.006</td></tr>
<tr><td>16. 万元 GDP 综合能耗（吨标煤/万元）</td><td>1.8</td><td>在适度增长原则下确定该指标</td></tr>
<tr><td>17. 工业废水排放达标率（%）</td><td>90</td><td>参考全国水平</td></tr>
<tr><td>18. 污染治理项目本年完成投资额（万元）</td><td>3700000</td><td>参考全国，结合兵团新型工业化文件</td></tr>
</table>

续表

准则层	指标层	标准值	选择依据
资源与环境状况	19. 万元 GDP 废气排放量（亿标立方米/万元）	10000	0. 022
	20. 万元 GDP 固体废物排放量（万吨/万元）	0. 4	参考全国水平
人力资源开发与利用	21. 工业从业人员增长率	+	0. 046
	22. 城镇登记失业率（%）	5	参考全国水平
	23. 万人拥有科技活动人员（人/万人）	350	参考全国水平
	24. 教育经费占 GDP 比重	4	参考全国水平
信息化水平	25. 百人用户电话数（户/百人）	40	参考全国最佳值，同时考虑省和直辖市的区别
	26. 年人均发函件数（件/人）	46	全国邮电数据统计
	27. 邮电业务总量（亿元）		
	28. 万人国际互联网用户数（户/万人）	600	全国平均水平
	29. 信息工业增加值占 GDP 比重	8	参考全国水平
	30. 信息工业人员占全部从业人员比重	4	参考全国水平

表 3－12 指标权重

准则层	指标层	指标性质	指标权重
工业化发展水平	1. 人均 GDP（元）	+	0. 131
	2. 农业就业人数占总就业人数比重	−	0. 023
	3. 第一产业增加值占 GDP 比重	−	0. 074
	4. 第三产业增加值占 GDP 比重	+	0. 106
	5. 工业增加值增长速度	+	0. 053
	6. 城镇化率	+	0. 032
	7. 城镇恩格尔系数	−	0. 023
	8. 进出口总额占 GDP 比重	+	0. 033
科技水平	9. R&D 经费支出占 GDP 比重	+	0. 019
	10. 高新技术产业增加值占工业增加值比重	+	0. 033
	11. 新产品产值率	+	0. 037
	12. 万人专利授权量（项/万人）	+	0. 053

续表

准则层	指标层	指标性质	指标权重
经济效益	13. 总资产贡献率	+	0.026
	14. 工业增加值率	+	0.003
	15. 全员劳动生产率（万元/人·年）	+	0.006
资源与环境状况	16. 万元 GDP 综合能耗（吨标煤/万元）	-	0.016
	17. 工业废水排放达标率	+	0.028
	18. 污染治理项目本年完成投资额（万元）	-	0.005
	19. 万元 GDP 废气排放量（亿标立方米/万元）	-	0.022
	20. 万元 GDP 固体废物排放量（万吨/万元）	-	0.031
人力资源开发与利用	21. 工业从业人员增长率	+	0.046
	22. 城镇登记失业率	-	0.037
	23. 万人拥有科技活动人员（人/万人）	+	0.061
	24. 教育经费占 GDP 比重	+	0.003
信息化水平	25. 百人用户电话数（户/百人）	+	0.005
	26. 年人均发函件数（件/人）	+	0.002
	27. 邮电业务总量（亿元）	+	0.009
	28. 万人国际互联网用户数（户/万人）	+	0.029
	29. 信息工业增加值占 GDP 比重	+	0.022
	30. 信息工业人员占全部从业人员比重	+	0.032

三、兵团新型工业化水平评价模型的构建

上述指标体系，能够从不同角度反映新型工业化进程和工业经济增长质量及水平。由于指标体系具有全面性、系统性，因而计算出的评价标准能够较真实、客观地反映区域新型工业化特征及所处的发展阶段。为了获得评价区域新型工业化进程的一个总体量化标准，需要通过建立数学模型进行运算监测。主要方法是分别确定各指标的标准值和实际值，计算出单个指标数，再根据以上层次分析法确定的评价指标权重，综合计算出新型工业化综合指数。

1. 综合评价模型

$$K(\text{新型工业化综合指数}) = \frac{\sum [X(\text{指标值})/X_0(\text{标准值})] \times f(\text{权数})}{\sum f(\text{权数})}$$

式中：X 表示各指标某地某年的实际值，X_0表示各指标的标准值，f 表示各指标的权数，权数采用以上层次分析法确定的结果。

2. 新型工业化水平的定量判断划分标准

按照上述指标的分析和计算，区域所处新型工业化发展阶段的划分，可参照如下数据定量界定。

（1）凡 K 值即综合评价指数在 60% 以下，可判定为处于新型工业化的初期阶段，新型工业化达到初级水平；

（2）凡 K 值即综合评价指数在 60% ~100%，可界定为处于新型工业化的中期阶段，新型工业化达到中级水平；

（3）凡 K 值即综合评价指数在 100% 以上，应视为处于新型工业化的后期阶段，达到新型工业化高级水平。

第三节　兵团与新疆新型工业化水平比较

一、影响兵团、新疆工业竞争力定性分析

（一）资源禀赋对工业竞争力的影响

在区域贸易中，绝对理论、比较成本说以及赫克歇尔—俄林提出的要素禀赋理论都建立在区域资源禀赋差异的基础上。特别是要素禀赋理论中提出：区域之间或者是国家之间生产要素的禀赋差异是它们之间出现分工和发生贸易的主要原因。同时产业竞争力理论认为：区域产业竞争力的提升有赖于其比较优势的发挥。在传统产业占主体的情形下，其产业竞争力的强弱仍在很大程度上取决于资源禀赋的比较优势。因而区域的资源禀赋以它的基础性作用深刻地影响区域工业

的竞争力水平。

具体来讲，资源禀赋可以分为自然资源和经济社会资源两大类。自然资源包括可用于经济发展的各种矿产资源、土地资源、生物资源、水资源、气候资源、风景资源等。经济社会资源主要指劳动力和人口、资金、技术、社会因素等，它们对工业竞争力形成所产生的作用各不相同。自然禀赋为工业提供生产资料和空间，它直接影响工业内部产业结构以及工业的规模与效益。也就是说一个地区拥有的某种自然资源的质量高、数量多，就有利于工业中某行业在这方面获得竞争优势。一般来说，相对于气候与风景资源，矿产、土地、生物和水资源对区域工业竞争力影响较大。

劳动力是影响传统工业发展的关键因素之一。随着新型工业的发展，高素质的劳动力对区域工业的发展影响越来越大，现代工业的竞争很大程度上已经转变为劳动力素质的竞争。资金对工业发展有着十分重要的作用，资金链的长度和资金流的速度都直接关系到企业的竞争力水平。技术对工业发展所作的贡献从蒸汽机的发明开始始终保持上升趋势，一个行业或企业的技术水平直接影响其长期和潜在竞争力。社会环境包括了历史遗留、价值观、行为方式等，它们是工业发展的可贵资源，也是现存工业发展的基础。

1. 自然资源比较

兵团各农牧团场分布在天山南北，自然资源十分丰富。兵团各师土地资源总面积745.42万公顷，人均土地2.98公顷，耕地102.78万公顷，森林42.89万公顷，草原242.87万公顷，兵团矿产资源也很丰富。矿产资源是发展重化工业的重要因素，兵团目前拥有的主要矿产资源储量情况：目前已探明储量的矿产有99种，其保有储量在西北区乃至全国都占有重要地位，有较多富矿。焦煤多，储量87亿吨，为煤矿探明储量的9.16%，而且动力用煤质也很好。石灰石资源储量8494万吨。铜镍矿拥有资源储量近4000万吨（矿石量）。膨润土矿产资源累计探明储量23亿吨，远景储量约50亿吨，膨润土品质良好，石棉矿探明储量470万吨，钾盐矿探明储量99万吨，优质耐火级铬铁矿、和田白玉、蛭石、白云母、石棉、膨润土等质量都很好。丰富的矿产资源为兵团发展重工业提供了较好条件。

新疆地域辽阔，自然资源丰富。可用于农林牧业的土地面积约6800万公顷，占总面积的41.19%，其中可垦地933万公顷，已耕地407.87万公顷；可利用的天然草原4800万公顷，人工草原66.67万公顷；林业用地（含宜林地）483.93万公顷（林地约153.33万公顷），林木储积量2.5亿立方米。全疆地表水年径流量约884亿立方米，地下水可采量252亿立方米，冰川面积2.4万平方公里，冰川储水量25800多亿立方米，农田灌溉面积占耕地面积80%以上。日照时间长，年均2600~3400小时。新疆矿产资源丰富，已发现122种矿产。其中居全国首位的有：铍、白云母、钠硝石、陶土、蛇纹岩等。煤的预测储量占全国预测总储量的37.7%；石油、天然气储量预计300亿吨，占全国预测总量的25%以上；铁矿查明储量7.3亿吨。有非金属矿种70多个，其中白云母、宝石、石棉、和田玉驰名中外；盐的储量3.18亿吨；芒硝储量1.7亿吨；钠硝石储量232.6万吨。新疆家畜有牛、马、羊、驴、骡、骆驼等。野生动物699种，其中鱼类85种、两栖类7种，爬行类45种、哺乳类137种。新疆野生植物种类繁多，已查明的有4000多种，其中有特殊经济价值的有罗布麻、橡胶草等1000多种。粮食作物主要有小麦、玉米、水稻、高粱等。

2. 经济社会资源

影响工业竞争力的经济社会因素主要有劳动力和人口、资金、技术和社会因素。本书通过对职工数量、工业固定资产投入以及高校数量三个指标对两地的人口、资金和技术进行简单的比较。从表3－13可见，无论在劳动力还是资金、技术的投入上看（以高校数量反映），兵团在数量上都远远低于自治区水平。

表3－13　2008年社会经济资源比较

	年份	工业固定资产投资（万元）	职工（万人）	高校（所）
自治区	2008	8318715	830.42	32
	2007	6235295	811.75	31
兵团	2008	692527	10.24	8
	2007	550996	9.95	6

（二）区位因素对工业竞争力的影响

1. 工业区位理论

“区位”源于德文的standort，是1882年由W. 高次首次提出。其主要是指某事物占有的场所，但也含有位置、布局、分布、位置关系等方面的意义。研究工业区位即研究工业企业的位置、布局、分布和位置关系等，因而工业区位理论也叫工业布局理论。韦伯的工业区位论是较有影响力的工业区位论，他的基本理论就是最低生产成本费用吸引工业布局。他提出了“区位优势”和“最优区位”的概念。所谓“区位优势”是指一个地区在地理上拥有的某些对该区域的经济发展（生产力布局）起积极作用的、相对其他地区具有比较优势的因素。而“最优区位”则是根据区域几个方面：原材料、燃料以及动力的供应状况、劳动力的供应、质量以及工艺水平、运输费用的大小、产品销售市场的大小和产业聚散状态。因而不但要考虑是否具有建立长期生产协作关系的条件，也应考虑是否过度聚集。根据这些条件对某个产业在区域内可找到一个对该产业布局具有相对优势的地点，这个地点即为该产业布局的“最优区位”。

区位对工业竞争力的影响主要通过位置、交通、通讯等综合作用：

（1）区位条件决定区域内工业与其他产业以及其他区域工业的空间关系。这种空间关系对其工业的影响是通过它们相互之间的交通联系所决定的距离成本而发生作用。在其他条件一定时，城市间发生经济联系的概率随着空间距离的增大而减少。因此，区位条件能够影响区域的工业与其他区域工业发生相互联系的可能性和程度。在信息化社会和经济全球化的大背景下，区位因素的影响作用有所下降，但交通与通信，尤其是干线和远程通信的作用却在明显增强。

（2）区位条件决定一个区域所在的大的自然环境和在全国经济发展大格局的位置，进而对工业竞争力的形成与变化产生基础性影响。

（3）区位因素的优劣直接影响区域投资环境的好坏，进而影响城市产业竞争力的形成与演变。区位因素主要通过影响生产要素的流动而作用于产业竞争力。位置优越、交通便利、信息灵通，既直接为产业的发展提供了良好的基础条件，也间接影响其他生产要素的流动，从而为产业发展的要素优化提供便利。

（4）区位影响产业结构变革。区位的优越性意味着开放性，开放性又意味着先进性。开放的区位通过开拓新市场，为产业竞争力的提高注入动力与活力。

2. 兵团和新疆区位条件比较

兵团与蒙古国、哈萨克斯坦、吉尔吉斯斯坦 3 国接壤，管辖的国界线有 2019 千米，其中与蒙古国交界 571 千米，与哈萨克斯坦和吉尔吉斯斯坦交界 1448 千米。兵团的边境团场绝大多数分布在北疆的中哈、中蒙边境。

兵团土地面积 7.45 万平方千米，占新疆总面积的 4.47%，约占全国农垦总面积的 1/5，是全国农垦最大的垦区之一。

新疆不仅具有同周边 8 个国家接壤，边境线 5400 公里，以及 1 个国家一类口岸、11 个二类口岸等对外交流的便利条件，同时它还具备庞大的铁路、公路交通网和各地完备的机场群建设，加之其所处的中亚地区腹地中心的地理位置，这就使得新疆可以利用自己的区位优势及交通能力，更好地发展经济。

二、影响兵团、新疆工业竞争力定量分析

1. 兵团与新疆新型工业化水平比较

根据上文所描述的综合评价模型，分别选取 2007 年兵团和新疆的各个实际指标值，具体指标值见表 3－14～表 3－16，表中的各指标值均是参考《新疆统计年鉴 2008》和《兵团统计年鉴 2008》以及相关参考文献整理而得。对兵团和新疆的新型工业化水平进行定量的判断，进而对兵团和新疆的新型工业化水平进行比较。

表 3－14　新型工业化水平

指标	标准值	指标权重	新疆	兵团
1. 人均 GDP（元）	30000	0.131	16950	17088
2. 农业就业人数占总就业人数比重	20	0.023	50.3	50
3. 第一产业增加值占 GDP 比重	8	0.074	17.9	36.9
4. 第三产业增加值占 GDP 比重	40	0.106	5.4	34.3
5. 工业增加值增长速度	12	0.053	4.06	3.66

续表

指标	标准值	指标权重	新疆	兵团
6. 城镇化率	55	0.032	43.3	49.1
7. 城镇恩格尔系数	30	0.023	39.0	33.3
8. 进出口总额占 GDP 比重	60	0.033	27.3	68.2
9. R&D 经费支出占 GDP 比重	3	0.019	0.3	0.2
10. 高新技术产业增加值占工业增加值比重	30	0.033	18.0	10.2
11. 新产品产值率	40	0.037	24.0	20.0
12. 万人专利授权量（项/万人）	+	0.053	0.8	0.1
13. 总资产贡献率	16	0.026	25.9	9.6
14. 工业增加值率	+	0.003	37	9.3
15. 全员劳动生产率（万元/人·年）	10	0.006	25.9	9.5067
16. 万元 GDP 综合能耗（吨标煤/万元）	1.8	0.016	1.7	1.26
17. 工业废水排放达标率	90	0.028	70.6	75
18. 污染治理项目本年完成投资额（万元）	370000	0.005	319000	3000000
19. 万元 GDP 废气排放量（亿标立方米/万元）	10000	0.022	5102.4	7231
20. 万元 GDP 固体废物排放量（万吨/万元）	0.4	0.031	0.017	0.45
21. 工业从业人员增长率	+	0.046		
22. 城镇登记失业率	5	0.037	3.9	2.6
23. 万人拥有科技活动人员（人/万人）	350	0.061	200	100
24. 教育经费占 GDP 比重	4	0.003	5.5	5
25. 百人用户电话数（户/百人）	40	0.005	44	38
26. 年人均发函件数（件/人）	46	0.002	13	18
27. 邮电业务总量（亿元）		0.009	303.65	208.6
28. 万人国际互联网用户数（户/万人）	600	0.029	250	20
29. 信息工业增加值占 GDP 比重	8	0.022	2.8	2
30. 信息工业人员占全部从业人员比重	4	0.032	2.11	2

新型工业化综合指数的测算结果见表 3－15。

表 3－15　新型工业化综合指数

准则层	指标层	标准值	新疆实现度（%）	兵团实现度（%）	指标权重	新疆加权实现度	兵团加权实现度
工业化发展水平	1. 人均 GDP（元）	30000	56.5	56.96	0.131	0.740	0.746
	2. 农业就业人数占总就业人数比重	20	40	48.9	0.023	0.058	0.057
	3. 第一产业增加值占 GDP 比重	8	44.69	46.13	0.074	0.167	0.341
	4. 第三产业增加值占 GDP 比重	40	14	8.575	0.106	0.014	0.009
	5. 工业增加值增长速率	12	34	30.0	0.053	0.017	0.016
	6. 城镇化率	55	79	89.27	0.032	0.025	0.029
	7. 城镇恩格尔系数	30	76.9	90.9	0.023	0.0299	0.026
	8. 进出口总额占 GDP 比重	60	46	87.9	0.033	0.015	0.03751
	小计						
科技水平	9. R&D 经费支出占 GDP 比重	3	0.093	0.057	0.019	0.002	0.0001
	10. 高新技术产业增加值占工业增加值比重	30	0.60	0.333	0.033	0.0198	0.011
	11. 新产品产值率	40	0.6	0.375	0.037	0.022	0.014
	12. 万人专利授权量（项/万人）	16	1.62		0.053	0.042	
	小计		43.1	24.38			
经济效益	13. 总资产贡献率	10	15.0	0.937	0.026	0.042	0.0244
	14. 工业增加值率	1.8			0.003		
	15. 全员劳动生产率（万元/人·年）	90	0.97	0.951	0.006	0.006	0.0060
	小计						
资源与环境状况	16. 万元 GDP 综合能耗（吨标煤/万元）	3700000	0.94	0.7	0.016	0.015	0.011
	17. 工业废水排放达标率	10000	0.784	0.833	0.028	0.022	0.023
	18. 污染治理项目本年完成投资额（万元）	0.4	0.09	0.081	0.005	0.00043	0.0004
	19. 万元 GDP 废气排放量（亿标立方米/万元）	5	0.51	0.723	0.022	0.0112	0.016
	20. 万元 GDP 固体废物排放量（万吨/万元）	350	0.04	1.125	0.031	0.00132	0.035
	小计		54.98	64.28			
人力资源开发利用	21. 工业从业人员增长率	+			0.046		0.01924
	22. 城镇登记失业率	5	0.78	0.52	0.037	0.02886	0.01924
	23. 万人拥有科技活动人员（人/万人）	350	0.57	0.286	0.061	0.034857	0.00525
	24. 教育经费占 GDP 比重	4	1.375	1.75	0.003	0.004125	0.00475
	小计		69.24	45.8			

续表

准则层	指标层	标准值	新疆实现度（%）	兵团实现度（%）	指标权重	新疆加权实现度	兵团加权实现度
信息化水平	25. 百人用户电话数（户/百人）	40	1.10	0.95	0.005	0.0055	0.000783
	26. 年人均发函件数（件/人）	46	0.283	0.391	0.002	0.000565	
	27. 邮电业务总量（亿元）				0.009		0.000967
	28. 万人国际互联网用户数（户/万人）	600	0.42	0.033	0.029	0.012083	0.0055
	29. 信息工业增加值占 GDP 比重	8	0.35	0.25	0.022	0.0077	0.016
	30. 信息工业人员占全部从业人员比重	4	0.53	0.5	0.032	0.01688	
	小计	48.43	49.77				
合计	综合实现程度				100	0.77	0.51

测算结果见表 3－16。

表 3－16

单位	$\sum(X_{指标值}/X_{标准值})\times f_{权重}$	K（新型工业化综合指数）
新疆	0.77373891	0.870347481
兵团	0.513546	0.577667

2. 主要结论

通过新型工业化综合评价模型的建立到各指标值的查找计算，最终测算出了新疆和兵团的新型工业化综合指数，兵团的新型工业化综合指数为57.8%，新疆的新型工业化综合指数为87%，参照新型工业化水平的定量判断划分标准，兵团的K值即综合评价指数在60%以下，可判定兵团2007年仍处于新型工业化的初期阶段，新型工业化达到初级水平；而新疆K值即综合评价指数则介于60%～100%，可界定新疆为处于新型工业化的中期阶段，新型工业化达到中级水平。从工业化水平、科技含量、经济效益、资源与环境状况、人力资源开发、信息化水平等经济、生态、社会的三个维度的六个准则层对工业化进行评价。能够从不同角度全面地、系统地反映新型工业化进程和工业经济增长质量及水平。测算结果也较真实、客观地反映了新疆和兵团区域新型工业化特征及所处的发展阶段，与现实情况是相吻合的。

三、兵团、新疆新型工业化比较分析

通过对兵团、新疆工业竞争力定性和定量分析，进一步测算兵团和新疆的新型工业化综合指数，可以从不同侧面和角度，全面、系统地反映兵团和新疆新型工业化进程和工业经济增长质量及水平，对兵团、新疆新型工业化进行进一步的比较，比较分析如下。

1. 兵团工业化水平低于新疆工业化水平

兵团的工业化水平实现度为57.3%，兵团的人均GDP和城镇化水平两个指标表现较佳，但是三次产业中农业增加值比重过大，高于标准值两倍，农业从业人员比重也高于标准值的2.5倍，这说明兵团的第二、三产业发展滞后，产业规模较小，吸纳劳动力的能力弱。

2. 兵团科技含量水平较低

兵团科技含量水平实现度为24.38%处于较低水平，研发经费占兵团GDP的比重只有0.2%，还不到标准的1/10。同时，我们假设用高新技术产业（或产品）产值占工业总产值比重和新产品产值率这两个重要的指标来反映科技含量水平，2007年，兵团科技含量水平实际值为标准值的一半左右，因此，可以看出兵团科技投入比较少，科技活动转化为现实生产力的水平比较低。

3. 兵团经济效益水平很低

兵团经济效益水平实现度为20%处于很低水平。工业成本费用利润率和总资产贡献率分别只有标准值的20%左右，说明兵团工业企业生产成本及费用投入的经济效益较低，企业全部资产获利能力也较低，反映了兵团在工业管理上存在较多问题，兵团比较欠缺驾驭管理现代企业的能力。

4. 兵团资源与环境水平较高

兵团资源与环境水平实现度为64.28%，处于较好水平，工业固体废物利用率也超过标准值的45%，一方面说明兵团在节能减排上成效比较显著，另一方面也是由于兵团工业以轻工业为主，对环境的污染和资源的消耗比较少。

5. 兵团人力资源开发水平处于中等水平

兵团人力资源开发水平实现度为45.8%，处于中等水平。兵团拥有的专业技术人才数量还是比较多的，已经达到标准值的70%多，但工业劳动生产率水平还不高，尚不到标准值的50%，这反映了兵团工业企业在生产过程组织管理和人力资源管理开发等领域还比较薄弱。另外，教育经费占GDP比重指标没有查到2007年数据，因此假设完成了标准值的一半，以便进行整体评价。

6. 兵团信息化程度较低

兵团信息化程度实现度为49.8%，处于较低水平。兵团电话机普及率已经很高但是互联网的家庭普及率还比较低，只达到标准值的2.9%，信息化提升空间仍然很大。由于反映企业信息化程度的指标不易获取数据，因此本书没有设计反映企业信息化水平的指标，而是以反映兵团整体信息化程度的指标来代表。

从评价体系的六个准则来看，按照实现度从高到低的顺序排序为：资源与环境水平、人力资源开发水平、工业化水平、信息化程度水平、科技含量水平、经济效益水平。整体来看兵团新型工业化综合实现度为49.1%，处于较低水平，只能算处于新型工业化的起步阶段，兵团实现新型工业化仍然任重道远。

第四节　兵团工业部门竞争力实证分析

兵团经济作为新疆区域经济的有机组成部分，正处于加速发展阶段。一个地区产业结构的合理与否是区域经济持续、快速、健康发展的前提，它有利于充分利用区域产业竞争效益，增强区域的竞争优势，而且还有利于满足区域不断增长的人口和社会需要，成为兵团经济可持续发展的重要保证。现代经济竞争中，竞争力就是比竞争对手更有效地获取资源、市场的能力。产业竞争力比较的内容就是产业竞争优势，而产业竞争优势最终体现于产品、企业及产业的市场实现能力。因此，产业竞争力的实质是产业的比较生产力。工业竞争力是国家或地区竞争力的最集中表现属于产业竞争力的范畴，是指在市场经济条件下某地区工业所具有的获取资源占据国内外市场并以此获得利润的能力。

一、基本原理

偏离—份额分析法是把区域经济的变化看作一个动态的过程，以其所在区域（一般指范围更大的区域）或整个国家的经济发展为参照系，将区域自身经济总量在某一时期的变动分解为三个分量，即份额分量、结构偏离分量和竞争力偏离分量，以此说明区域经济发展和衰退的原因，评价区域经济结构优劣和自身竞争力的强弱，找出区域具有相对竞争优势的产业部门，进而可以确定区域未来经济发展的合理方向和产业结构调整的原则。

二、数学模型

假设区域 i 在经历了时间［0，t］之后，经济总量和结构均已发生变化。设初始期（基年）区域 i 经济总规模为 $b_{i,0}$（可用总产值表示），末期（截至年 t）经济总规模为 $b_{i,t}$。同时，依照一定的规则，把区域经济划分为 n 个产业部门，分别以 $b_{ij,0}$和 $b_{ij,t}$（i＝1，2，…，n）表示区域 i 第 j 个产业部门在初始期与末期的规模。并以 B_0 和 B_t 表示区域所在大区或全国在相应时期初期与末期经济总规模，以 $B_{j,0}$和 $B_{j,t}$所示为在大区或全国初期与末期第 j 个产业部门的规模。

（1）区域 i 第 i 个产业部门在［0，t］时间段的变化率为：r_{ij} ＝（$b_{ij,t}$ − $b_{ij,0}$）/$b_{ij,0}$。

（2）所在大区 i 产业部门在［0，t］内的变化率为：R_j ＝（$R_{j,t}$ − $R_{j,0}$）/$R_{j,0}$。

（3）以所在大区或全国各产业部门所占的份额按下式将区域各产业部门规模标准化得到：b'_{ij} ＝（$b_{ij,0} \times B_{j,0}$）/B_0。

这样，在［0，t］时段内区域某个产业部门的增长量 G_{ij}可以分解为份额分量 N_{ii}、结构偏离分量和竞争力偏离分量 D_{ij}三个分量，表达为：

（4）$G_{ij\_} = N_{ij} + P_{ij} + D_{ij}$

（5）$N_{ij} = b_{ij} \times R_{ij}$

（6）P_{ij} ＝（$b_{ij\_}b_i$）$\times R_j$

（7）$D_{ij} = b_{ij,0} \times$（$r_{ij} - R_j$）

N_{ij}称为份额分量（或平均增长效应），是区域标准化的产业部门如按全国或所在大区的平均增长率发展所产生的变化量；P_{ij}称为结构偏离分量（或产业结构效应），此值越大，说明部门结构对经济总量增长的贡献越大。D_{ij}称为区域竞争力偏离分量（或区域份额效果），反映区域 j 部门相对竞争能力，此值越大，则说明区域 j 部门竞争力对经济增长的作用越大。

进而引入 $k_{j,0}$， $=b_{ij,0}/B_{j.t}$，$K_{j,t}=b_{ij,t}/B_{j,t}$，分别表示区域部门在基期年和终期年占同期上级区域相应部门的比重，则区域对于上级区域的增长率为：

$$(8)\ L=\left(\frac{\sum_{j=1}^{n}K_{j0}\times B_{jt}}{\sum_{j=1}^{n}K_{j0}\times B_{j0}}\times\frac{\sum_{j=1}^{n}B_{j0}}{\sum_{j=1}^{n}B_{jt}}\right)\times\left(\frac{\sum_{j=1}^{n}K_{jt}\times B_{jt}}{\sum_{j=1}^{n}K_{j0}\times B_{jt}}\right)=W\times U$$

其中，W 为结构效果系数，U 为竞争力效果系数。由以上各式可知，若 G_i 越大，$L>1$，则区域增长快于全国或所在区域。若 P_i 越大，$W>1$，这说明区域经济中朝阳的、增长快的产业部门比重大，区域总体经济结构比较好，结构对于经济增长的贡献大。若 D_i 较大，$U>1$，则说明区域各产业部门总的增长势头大，具有很强的竞争能力。

三、新疆兵团工业部门的偏离—份额分析法

在偏离—份额分析法中一般选取 3 年间隔的数据，本书选取了 2005 年、2009 年兵团和新疆工业各部门（为了便于计算，本书选择 2005 ~ 2008 年都存在的行业作为研究对象）的工业总产值数据 I。将相应数据代入上述模型计算可得工业结构，见表 3 – 17 与表 3 – 18。以兵团 2005 ~ 2008 年为研究时段展开研究，以兵团工业部门（为了便于计算，本书选择 2005 ~ 2008 年都存在的行业作为研究对象）的工业总产值数据设置基期（初始年份）2005 年的经济总规模（用 GDP 表示）为 $b_{ij,0}$，末期（截至年份 t）2008 年的经济总规模为 $b_{j,t}$，同时按照三次产业的划分，分别以 j = 1，2，3 表示三次产业的规模。并以 $B_{j,0}$、$B_{j,t}$表示兵团所在的大区——新疆维吾尔自治区相对应时期初期与末期的经济总规模，对兵团的产业结构与竞争力进行了分析和测算。

表 3－17 兵团工业结构偏离—份额总效果分析

项 目	数值
总增量 G_i/万元	1268615
份额分量 N_i/万元	34638.76
结构偏离分量 P_i/万元	3443267
竞争力偏离分量 D_i/元	－2209291
总偏离分量 PD_i/万元	1233977
对新疆相对增长率（L）	0.881883661
结构效果指数（W）	1.598979615
竞争力效果指数（U）	0.551529

（一）总体效果及分析

表 3－17 由兵团工业结构偏离—份额总效果分析法的数学模型可知，若 G_j 越大，L＞I，则区域增长快于全国或所在区域；若 P_i 越大，W＞I，说明区域经济中朝阳性的、增长快的产业部门比重大，区域总体经济结构比较好，结构对于经济增长的贡献大；若 D_i 越大，U＞I，则说明区域各产业部门总的增长势头大，具有很强的竞争能力。

根据表 3－17 分析可得，兵团工业的总偏离量（PD_i）为 1233977 万元，结构偏离分量（P_i）为 3443267 万元，竞争力偏离分量为 2209291 万元，也就是说相对于新疆而言，兵团工业总产值增长慢于全疆，其中，由于产业结构的优势带来的工业总产值增长量为 3443267 万元，由于竞争力优势带来的工业总产值增长量为 2209291 万元。总的看来，兵团工业产业结构尚好，兵团工业竞争力强。

对新疆相对增长率 L＝0.881883661＜1，结果效果指数 W＝1.598979615＞1，竞争力效果指数 U＝0.551529＜1，根据总体效果分析可知，兵团的工业经济增长慢于新疆工业经济增长，其总体工业结构比较好，兵团经济中朝阳性的、增长快的产业部门比重大，兵团总体经济结构比较好，结构对于工业经济增长的贡献大，各产业部门总的增长平缓，竞争能力一般。

（二）兵团工业各部门分析

1. 兵团工业部门优势分析

从表 3－18 可得，总偏离分量（PD_i）与份额分量（N_{ij}）均为正的部门分别是：煤炭开采和洗选业，黑色金属矿采选业、非金属矿采选业，农副食品加工业，食品制造业，家具制造业、造纸及纸制品业，化学原料及化学制品制造业，医药制造业，自来水生产和供应业，通用设备制造业，食品加工业，食品制造业，木材加工及竹制品业，橡胶制品业，非金属矿物制品业，金属制品业，电力、蒸汽的生产和供应业16门，这些部门具有部门优势的增长部门。

表3－18　工业各部门偏离—份额分析法　　单位：万元

序号	具体行业	份额分量 N_{ij}	结构偏离分量 P_{ij}	竞争力偏离分量 D_{ij}	总偏离分量 PD_i	总增量 G_i
1	煤炭开采和洗选业	501.4578	61890.79	－8637.94	53252.84	53754.3
2	黑色金属矿采选业	8.880429	2156.4	15398.32	17554.72	17563.6
3	非金属矿采选业	4.04959	6689.636	14374.01	21063.65	21067.7
4	农副食品加工业	9584.741	1239549	－934402	305147.3	314732
5	食品制造业	2600.938	618441.4	－334369	284072.2	286673.1
6	纺织业	8553.971	436837	－706203	－269366	－260812
7	家具制造业	4.15174	1725.484	4944.864	6670.348	6674.5
8	造纸及纸制品业	107.8254	37364.87	－29765.8	7599.025	7706.85
9	印刷业和记录媒介的复制	7.693888	29913.38	－30312.3	－398.894	－391.2
10	石油加工、炼焦及核燃料加工业	1481.628	6750.897	－18902.9	－12152	－10670.4
11	化学原料及化学制品制造业	2566.774	156051.1	398090.7	554141.8	556708.6
12	医药制造业	30.90807	106673.7	－99289.4	7384.292	7415.2
13	橡胶制品业	0.061159	35.10322	238.9356	274.0388	274.1
14	塑料制品业	1727.497	187808.3	－234089	－46280.2	－44552.7
15	非金属矿物制品业	2467.056	203487.9	－37156.9	166331	168798
16	金属制品业	182.9591	186703.8	－163096	23608.14	23791.1
17	通用设备制造业	8.922722	15652.24	－13490.3	2161.977	2170.9
18	电气机械及器材制造业	34.02848	7449.385	－3233.41	4215.972	4250
19	电力、热力的生产和供应业	4760.998	126043.2	－20210.5	105832.7	110593.7
20	自来水的生产和供应	4.217262	12043.07	－9178.89	2864.183	2868.4

纺织业、家具制造业、印刷业和记录媒介的复制、塑料制品业4个部门的份额分量（N_{ij}）为正值，但总偏离分量（PD_i）为负值，且份额分量（N_{ij}）远小于

总偏离分量（PD_i）的绝对值，说明这4个部门虽具有部门优势，但却为衰退部门。

2. 兵团工业部门偏离分析

从这20个部门来看，有5个产业部门的竞争力偏离分量 $D_i>0$，结构偏离分量 $P_i>0$ 分别是：黑色金属矿采选业、非金属矿采选业、家具制造业、化学原料及化学制品制造业和橡胶制品业，这些产业部门属于生产基础较好，竞争力较强的行业。

有12个产业部门竞争力偏离分量 $D_i<0$，结构偏离分量 $P_i>O$ 且 $|D_i|<|P_i|$，包括煤炭开采和洗选业、农副食品加工业、造纸及纸制品业、造纸及纸制品业、石油加工、炼焦及核燃料加工业、医药制造业、非金属矿物制品业、金属制品业、通用设备制造业、电气机械及器材制造业、电力、热力的生产和供应业，自来水的生产和供应，这些产业部门属于生产基础较好，竞争力稍弱的较好行业。

有3个部门的竞争力偏离分量 $D_i<0$，结构偏离分量 $P_i>0$ 且 $|D_i|>|P_i|$，分别是：纺织业、印刷业和记录媒介的复制、塑料制品业，这些产业部门属于生产基础较好，但竞争力弱的一般行业。

四、提升兵团工业部门竞争力的对策

兵团工业内部各部门大多具有部门优势，但从具有竞争力优势的5部门——黑色金属矿采选业、非金属矿采选业、家具制造业、化学原料及化学制品制造业，橡胶制品业——可以看得出：

（1）竞争优势产业以劳动密集型和资源密集型产业为主。且垄断性行业的优势更突出，这与兵团目前还处于工业化初期阶段相吻合。

（2）竞争优势产业呈现出较为明显的重型化特征。

（3）从产业的技术层次来看，兵团具有竞争优势的产业大多集中在技术层次不高的传统技术型领域。

我国加入WTO之后，随着经济全球化和市场一体化进程的加快，原有的产业比较优势，尤其是资源型产品的比较优势会有一定程度的下降，甚至会丧失比较优势。另外，以能源和原材料初级加工为支柱的产业结构，已不能维持经济、社会和环境的可持续发展。只有在充分发挥比较优势并将比较优势转化为竞争优势的条件下，不断创造新的竞争优势，实施竞争优势导向型的跨越式发展战略，才能推动产业结构优化升级，逐步形成产业优势，最终提升产业竞争力。

1. 完善工业产业政策，优化宏观制度环境

在市场一体化和竞争激烈的今天，充分发挥市场机制和政府宏观调控的作用，对区域工业生产力布局实行统一规划、整体构造，制定符合地区特色的产业发展规划，对产业发展方向、主导产业布局和产业分工协作等方面要尽可能制定详细的规划。要加快政府管理体制改革，使政府职能逐步转变到提高有效服务、加强市场开放及营造良好的竞争环境、法律环境和政策环境等方面。

2. 加快产权制度改革，优化微观制度环境

完善的竞争机制是市场经济得以维持和运转的基本条件。通过完善的市场竞争机制，促进资源合理流动、优化产业组织结构。要合理划分中央与地方的职能，打破地区之间、兵团与地方之间、中央企业与地方企业之间的市场封锁和分割，发展融合经济，形成统一开放、竞争有序的市场体系，保证各种生产要素自由流通。切实推行以建立现代企业制度为目标的企业改革，完善企业经营机制。通过企业发展动力机制的制度性安排，促成约束监督与激励机制的建立，彰显机制活力，使企业的经营行为和管理决策与竞争型市场经济的融合度不断提高，促进企业经营和管理方式的转变。

3. 提高传统产业活力，发展高新技术产业

要加大技术改造投资力度，提高技术改造投资在总投资中的比重。要充分运用高新技术和先进实用技术，尤其是信息技术改造传统产业，以信息化推动工业化，加速传统产业升级；尽快形成一批具有知识产权、技术起点高、产品有竞争力的高新技术企业集团和企业集群。

4. 依托资源优势，做大做强化学工业

以石油、天然气化工业为重点，发展特色和高效化工工业，加强煤化工新产品的开发和清洁生产技术的应用，促进煤炭资源的转化。要按照循环经济的要求，以节能为目标，变传统的“高投入，高消耗，低产出”为“低投入，低消耗，高产出”，尽快实现由资源区位优势向产业竞争优势的转变。

5. 推进科技创新，促进轻工业的发展

加快轻工业科技进步，提高生产技术和装备水平。利用多种纺织原料，开发纺织和服装产品新花色、新品种，提高产品的附加值，提升产业的竞争力。

第五节　兵团各师工业产业竞争力分析

工业竞争力是一个集合概念，其竞争力必定是在不同地域间的比较，因此，工业竞争力只有通过比较才能判断其强弱，它是可以量化测度的，在时间和空间上也是可以评价比较的，它是一国或地区工业整体的竞争力，其测定方法由一系列指标组成，分析兵团工业竞争力必须寻找一个合理的参照体系，科学地选择影响和决定研究主体成长壮大的各种因素，剖析分解这些因素之间的相关性和因果关系，从而建立一个简明、全面、逻辑关系完整的分析框架并将它们进行量化比较，分析其对研究主体成长的影响，这样可以使分析模型具有较强的科学性和可操作性。具体可按照：制定评价目标、设立评价指标、确定指标权重、综合评价计算、评价得分排序、评价结果分析的步骤进行。本研究从实证出发，按照一定的原则，选择一定的指标进行对比分析，选取兵团工业竞争实力、兵团工业竞争潜力、兵团环境竞争力三大类指标考察兵团工业产业竞争力状况，进行比较评价。

一、选取区域工业产业竞争力评价指标的原则

1. 科学性与协调性原则

构建的工业竞争力指标体系必须能客观真实地反映工业产业竞争力的内涵，指标的选取、计算方法界定应具有理论意义和符合有关统计标准。既要考虑指标体系的完整性，又要考虑竞争力所涉及的诸多方面的相互协调，并将指标按其属性之间的联系进行安排，构成一个比较科学、完整、层次清晰的指标体系。

2. 动态性与发展性原则

工业产业竞争力的提高，既是一个目标，又是发展的阶段性。不同的经济发展阶段，竞争力具有不同的内涵。因此，指标体系构造及指标选择既要有一定的前瞻性，又要考虑保持指标体系的动态连续性。

3. 规范性与可比性原则

构建工业产业竞争力指标体系要考虑到基本指标既可以进行横向比较，又可以与以往历史资料相衔接。指标尽可能采用现有规范的统计指标或经过对基础统计指标进行加工改造的指标。

4. 简洁性与可操作性原则

工业产业竞争力指标体系的设计不宜过于复杂，指标体系要立足现状，考虑可行性和易操作性，一方面指标资料易于获取，另一方面定量指标可直接量化且定性指标能间接赋值量化。如何制定科学、系统、全面的评价指标体系，是工业产业竞争力评价首先要解决的问题，而仅采用一个单项指标或某几个指标对区域工业产业竞争力进行评价，具有一定的片面性和主观性。对部分虽有价值但无法统计或难以取得资料的指标，暂不纳入指标体系，从而使指标体系具有较强的可操作性。

二、评价指标体系的设置

区域工业产业竞争力表现在诸多方面，既包括现实的竞争力，如市场占有率、资源配置效率等，也包括潜在的竞争力，如创新能力、增长力等。依据兵团工业产业现状和兵团自身特点，本书拟定兵团工业竞争力评价指标体系的基本框架应包括三方面内容：现实竞争力、潜在竞争力和环境竞争力。其中前两者属于产业内部竞争力，后者属于产业外部竞争力。

1. 现实竞争力指标

工业现实竞争力表现的是工业产业在当前市场经济激烈竞争中所处的地位及影响力状况。对区域工业现实竞争力的分析，是一个时间剖面的显示性指标集，可以从以下几组指标来衡量：

（1）地区工业企业的整体状况。以工业企业生产总值、工业增加值、总资产、主营业务收入、固定资产原值、利润总额等指标来反映。工业总产值：是指货币表现的工业企业在报告期内生产的工业产品总量，它反映工业生产的总规模和总成果。

（2）规模以上工业企业经营状况。主要从企业生产和销售两方面来考虑，用全员劳动生产率、总资产贡献率两个指标衡量，全员劳动生产率指标反映的是劳动者的生产效率，它研究的是产业技术进步与劳动生产率提高的关系。往往是产业技术进步越快，其劳动生产率也越高，竞争力越强。总资产贡献率指标主要反映工业中企业的全部资产的获利情况，是工业企业的经营业绩和管理水平的集中体现，是评价和考核产业盈利能力的核心指标。

2. 潜在竞争力指标

分析区域工业潜在竞争力所采用的指标，应该是一个时间点上工业产业内部状况影响未来竞争力的所有隐性指标集。影响工业产业潜在竞争力的因素很多，可以从以下几组指标来衡量：

（1）工业创新能力。可搜集到的能体现工业技术创新能力的指标有：规模以上企业的工业企业销售产值、工程技术人员数、专业技术人员数。工程技术人员相对比重＝工程技术人员数/专业技术人员数，该指标反映了人力资源的相对质量。一般而言，较高的人力资源质量是产业竞争力的一个重要来源，因此本书用该指标来表示工业产业的整个技术创新开发环境。

（2）地区工业企业的融资能力。本书鉴于数据搜集限制主要用兵团规模以上工业企业的经济指标——流动资产总额及长期负债总额两个指标来衡量。

（3）工业增长能力。工业增长能力是地区工业竞争力的重要表现，它反映了地区工业壮大和发展的一种潜力。如果地区工业具有较强的竞争力，通常会呈现出较好的增长势头；反之，如果地区工业竞争力较弱，则一般会出现增长速度缓慢甚至衰退现象。在分析中，本书采用兵团规模以上工业企业的增加值的增长率来反映工业增长能力。

3. 环境竞争力

对区域工业竞争力的外部环境进行分析，代表的是所选时间点上外部软硬件环境对地区工业竞争力的影响力。本书首选招商引资（客方投资）来综合反映地区工业发展的外部软硬件环境状况。书中用地区生产总值GDP衡量地区整体经济发展状况（因为三大产业是相互关联的，整体经济就是地区工业良好运行的大环境）；地区货物进出口额（按境内目的地、货源地分）可以反映地区对外联系程度，在国外的影响力如何。生态环境已经成为制约工业发展的重要因素，能源利用、能源消费量等指标可以反映地区工业可持续发展的能力。能源利用效率用单位能耗强度的倒数来表示，能源消耗强度用以工业增加值计算的每万元消耗能源（折合成标准煤）的吨数表示。区域工业竞争力指标汇总，如表3－19所示。

表3－19　地区工业竞争力指标体系

基本框架	衡量层面	指标名称
工业现实竞争力	规模影响	工业企业生产总值
		工业增加值
		总资产
		主营业务收入
		固定资产原值
		利润总额
	经济效益	全员劳动生产率
		总资产贡献率
潜在竞争力	工业创新能力	工业企业销售产值
		工程技术人员数
		专业技术人员数
	融资能力	流动资产总额
		长期负债总额
	增长能力	工业企业的增加值的增长率
环境竞争力	经济发展水平	招商引资（客方投资）
	开放状况	地区生产总值GDP
		进出口额
	生态环境状况	能源利用
		能源消费量

三、兵团工业产业竞争力评价方法选择

从实力、潜力和环境三个方面选取具体指标来衡量兵团工业产业竞争力，这是对兵团工业产业发展系统的一个合理抽象和模拟。由于各个指标对系统的贡献不同，因此，在计算兵团工业产业竞争力的多项评价指标的综合值前，需要确定各项指标权重。又因为权重是各个指标在指标总体中所占重要程度的度量，因此权重确定得是否科学、合理，直接影响到评价的准确性，是评价过程中的一个极其重要的因素。

目前，确定指标权重时一般采用个人判断法、专家会议法、德尔斐法、层次分析法、主因子分析法等统计方法。

个人判断法，即以各指标权数征求专家个人意见来确定，其主要优点是，可以最大限度地利用个人的创造能力，不受外界影响。但它依靠个人判断，容易受到专家的知识面、知识深度、占有资料以及对所提问题是否感兴趣的影响，难免带有主观性、片面性。

专家会议法，它与个人判断法比较，有助于交换意见，相互启发，弥补个人的不足，所以有信息量较大、考虑因素较多、提供的方案较具体等优点。然而，专家会议法易受心理因素的影响，如屈从权威和大多数人的意见，易受劝说性言论的影响，以及不愿意公开修正已发表的意见等。

德尔斐法是专家会议法的一种发展形式。它以匿名方式通过几轮函询，征求专家意见。经过多次反复，专家意见日趋一致，结论可靠性越来越大。但在应用此法时，如果应邀专家对主题缺少广泛的知识，很难提出正确的意见和有价值的判断，即使主题针对性很强，要物色很多对工业产业竞争力都有很深造诣的专家也是困难的，从而会影响调查结果的准确性。何况，当反馈沟通情况的轮数过少时，这种准确性就更差了。

层次分析法是定性与定量相结合的方法。第一步，深入研究实际问题，将有关因素按照不同属性自上而下地分解成若干层次，以构造层次结构模型；第二步，从层次结构模型的第二层开始，对于从属于上一层每一个因素的同一层诸因素，用成对比较法和比较尺度构造成对比较阵，直到最下层；第三步，对成对比

较阵计算特征根及对应特征向量，再做一致性检验，以确定下一层各因素对上一层某个因素的影响程度。若检验通过即为组合权向量，若检验不通过，则需重新构造成对比较阵，再计算最下层目标的组合权向量，并做组合一致性检验，若检验通过，则可按照组合权向量表示的结果进行决策，否则需要重新考虑模型或重新构造那些一致性比率较大的成对比较阵。虽然，层次分析法看起来比较有实用价值，但是层次分析法刻画的比较判断结果会使人感到操作困难，而且计算复杂，还需要进行一致性检验。

主因子分析法是用于将多个相关变量简化为少数几个综合指标的多元统计的分析方法，可以在尽可能保留变量信息充分的基础上降低变量的维数。其基本思想是通过对变量相关系数矩阵内部结构的研究，找出能控制所有变量的少数几个因子去描述多个变量之间的关系，这些较少的几个综合指标之间不相关，所代表的信息不重叠，重要的是其所包含的信息比较丰富。

本研究采用主因子分析法，采用因子分析法计算的工业竞争力总得分，最大的优势在于其权重不是主观确定，而是从系统效应、包含信息量的角度确定的。因此，与其他方法相比，操作更为简单，计算结果更为准确、客观。

根据上面设计的评价兵团工业竞争力的指标内容，通过查阅新疆生产建设兵团统计年鉴和兵团年鉴等数据资料途径，收集到评价兵团工业竞争力的相关指标数据，以兵团各师规模以上工业企业的各项指标的数据为基础分析，并对原始数据作定量化研究的前期处理。

四、主因子分析法的具体步骤

1. 对原始数据进行预处理

评价指标的预处理包括：一是指标类型的一致化处理，即将指标体系中的极大型、极小型、居中型三类指标转化为同一类型的指标。二是指标的无量纲化处理。本课题所构建的工业竞争力指标体系均为极大型指标，所以只需对原始数据进行无量纲化处理。

2. 计算相关系数矩阵 R，R 的特征值，以及每个特征值所对应的特征向量

设样本相关矩阵 $R = (r_{ij})\ m \times n$，并且有 $r_{ij} = r_{ji}$，$r_{ii} = 1$，所以 R 是对称矩

阵，主对角线上的元素为1，由R的特征方程丨R—λI丨=0，求得特征值$\lambda_1 \geq \lambda_2 \geq \cdots \geq \lambda_n$，由齐次线形方程组（R—λI）μ=0，解出对应的特征向量μ_1，μ_2，μ_3，…，μ_n，其中，μ_i =（μ_{i1}，μ_{i2}，μ_{i3}，…，μ_{in}）（i=1，2，3，…，n）。

3. 建立主因子模型

设X_1，X_2，…，X_i为原观测变量，模型的矩阵形式为：X=AF+ε。其中F_1，F_2，…，F_k叫做公共因子（也称主因子），它们是在各个原观测变量的表达式中都共同出现的因子，是相互独立的不可观测的理论变量。ε_1，ε_2，…，ε_n叫做特殊因子，是向量X的分量x_i（i=1，2，…，p）所特有的因子，各特殊因子之间以及特殊因子与所有公共因子之间是相互独立的。A为因子载荷矩阵。

4. 确定主因子贡献率和累计贡献率

根据方差累计贡献率≥85%原则，提取出k个主因子，然后根据特征值和特征向量求出因子的方差贡献率$w_i = \lambda_j / \sum \lambda_i$和$x_i$在$F_i$上的载荷值$a_{ij} = u_{ij}\sqrt{\lambda_j}$，并对求出的因子载荷矩阵作正交旋转，使其尽可能地向+1，-1或0的方向靠近。

5. 计算主因子得分和综合得分

主因子是原始变量某类性质的抽象表示，其数值无法直接观测但实际的统计分析中，我们希望用具体数值来描述主因子作为一个综合指标在个体水平上的差异，就需要利用公共因子和原始变量的关系，估计出不同主因子的得分。根据上面得到的因子载荷矩阵A计算各个主因子的得分：

$$F_i = \frac{\sum a_{ij}x_{ij}}{\sum a_{ij}}$$

然后以每个主因子的方差贡献率w_i为权数，根据计算出来的每个主因子的得分，计算区域工业产业竞争力综合得分：

$$F = \sum w_i F_i (i = 1,2,3,\cdots,k)$$

综合得分越高，说明该地区的工业竞争力越强，反之越弱。采用因子分析方法计算的工业竞争力总得分，最大的优势在于其权重不是主观确定，而是从系统效应、包含信息量的角度确定的。因此，与其他方法相比，计算结果更为准确、客观。

五、兵团工业竞争力的主因子分析

第一步：先对第一个分目标工业竞争实力的 8 个指标数据使用 SPSS For Windows统计分析软件进行主因子分析。可得到以下结果，见表 3－20。

表 3－20　KMO 和球形 Bartlett's Test

Kaiser－Meyer－Olkin Measure of Sampling Adequacy.		0.746
	Approx. Chi－Square	280.744
	df	28
	Sig.	0.000

一般地，KMO 在 0.9 以上，非常适合；0.8～0.9，很适合；0.7～0.8，适合；0.6～0.7，不太适合；0.5～0.6，很勉强；0.5 以下，不适合。球性假设检验的零假设是相关系数矩阵，是一个单位阵，如果该统计量较大，则认为相关系数矩阵不太可能是单位阵，适合做因子分析，反之，则不适合做因子分析。

由上表的分析结果可以看出，第一行的 KMO 检验值为 0.746，在 0.7～0.8，该数据适宜做因子分析。第二行的 Bartlett's 检验的 χ^2 统计值的显著性概率是 0，小于 1%，说明数据具有相关性，是适宜做因子分析的。

根据求出的特征值和特征向量求出因子的方差贡献率和因子载荷矩阵。方差贡献率和累计方差贡献率的计算结果见表 3－21。可以看出前两个主成分已经包含了原始变量 90.494% >85% 的信息量，因此选择前两个主成分作为综合评价的公共因子。

第一列是因子分析的 8 个初始解的序号，第二列是因子变量的特征值，它是衡量因子重要程度的指标。第三列是各因子变量的方差贡献率，表示该因子刻画的方差占原有变量总方差的比例。第四列是因子变量的累计方差的贡献率，表示前 m 个因子刻画的总方差占原有变量总方差的比例。第五～八列是经方差极大值旋转以后的特征值、方差贡献率和累计方差贡献率，旋转后 2 个特征值大于 1 的主因子的特征值分别为 5.921、1.319，方差的贡献率分别为 74.010%、16.484%，

表 3 – 21 解释方差总合（Total Variance Explained）

Component	Initial Eigenvalues			Rotation Sums of Squared Loadings		
	Total	% of Variance	Cumulative %	Total	% of Variance	Cumulative %
1	5.923	74.035	74.035	5.921	74.010	74.010
2	1.317	16.458	90.493	1.319	16.484	90.494
3	0.715	8.942	99.435			
4	0.022	0.273	99.708			
5	0.021	0.266	99.974			
6	0.002	0.020	99.993			
7	0.001	0.006	99.999			
8	0.000	0.001	100.000			

Extraction Method: Principal Component Analysis.

累积方差贡献率达到了 90.494%。显然，这 2 个主因子能解释原先 8 个评价指标 90.494% 的方差，也就是说这 2 个因子基本反映了原变量的绝对部分信息。因此，可以把它们作为评价兵团工业产业现实竞争力的主因子。

采用方差极大值法对因子载荷矩阵旋转后得到表 3 – 22。

表 3 – 22 Rotated Component Matrix (a)

	Component	
	F_1	F_2
x_1（工业总产值）	0.999	-0.033
x_2（工业增加值）	0.988	0.061
x_3（总资产）	0.997	-0.057
x_4（主营业务收入）	0.998	-0.043
x_5（固定资产原值）	0.996	-0.060
x_6（利润总额）	0.979	0.093
x_7（全员劳动生产率）	0.084	0.785
x_8（总资产贡献率）	-0.031	0.824

Extraction Method: Principal Component Analysis. Rotation Method: Varimax with Kaiser Normalization. a Rotation converged in 3 iterations.

由表3-22可以看出，各主因子较高的载荷有规律地分布在两个关键指标上，说明它们与8个指标之间有明确的结构关系，其经济意义较清楚，据此，可以对两个主因子做逐一分析：

主因子 F_1：包含有 x_1（工业总产值）、x_2（工业增加值）、x_3（总资产）、x_4（主营业务收入）、x_5（固定资产原值）、x_6（利润总额）六个指标，这些指标主要衡量地区工业现实的市场规模影响力，它们的因子载荷系数分别为：0.999、0.988、0.997、0.998、0.996、0.979，方差贡献率为：74.010%。主因子 F_2：包含有 x_7（全员劳动生产率）、x_8（总资产贡献率）两个指标，这两个指标衡量工业企业的经营业绩资源组织管理，它们的因子载荷系数分别为：0.785、0.824，方差贡献率为：16.484%。

依据各个评价指标的载荷系数（权重）可以分别计算2个主因子的得分：

$$F_1 = (0.999x_1 + 0.988x_2 + 0.997x_3 + 0.998x_4 + 0.996x_5 + 0.979x_6)/(0.999 + 0.988 + 0.997 + 0.998 + 0.996 + 0.979)$$

$$F_2 = (0.785x_7 + 0.824x_8)/(0.785 + 0.824)$$

其中 X_i（$i=1, 2, 3, \cdots, 8$）为某一师第 i 个评价指标的标准化值。然后依据上面各个主因子的载荷系数（权重）可以计算综合得分：

$$F = (0.74010 F_1 + 0.16484F_2)/0.90494$$

将原始数据运用SPSS软件标准化后，代入因子得分计算公式中，进行因子得分计算和综合得分计算，并按照综合得分的升序排列可以得到表3-23。

在反映工业企业规模影响力的主因子上，农八师工业市场影响力最高，其次是农一师和农四师，其他各师都相对较低，说明这些师的工业生产总值、增加值、总资产、产品销售收入、工业企业数和从业人数等指标值都比较低。

在反映规模以上企业生产绩效的主因子上，农十三师得分最高，其次是农四师，其他各师处于相对低的水平，说明这些师的工业生产绩效的劳动生产率和资产贡献率指标较低。

综合来看，各师工业现实竞争力排名最高的是农八师，天山北坡经济带（农六师、农七师、农八师）竞争力处于高水平，均高于北疆、南疆和东疆，说明各师地区发展不平衡。

表 3 – 23　各师竞争实力因子得分和总分排名

地区	F_1	F_2	F	排名
农一师	0. 22214691	0. 401335086	0. 254787061	3
农二师	0. 060227188	0. 328746242	0. 10913947	6
农三师	0. 024035767	0. 332959099	0. 08030792	10
农四师	0. 1927302	0. 806828776	0. 30459177	2
农五师	0. 035592578	0. 221416684	0. 069441503	12
农六师	0. 141888197	0. 22882469	0. 157724176	5
农七师	0. 060603487	0. 302997164	0. 104756883	7
农八师	1	0. 369153755	0. 885087746	1
农九师	0. 025217332	0. 361789034	0. 086525794	9
农十师	0. 021587228	0. 186198752	0. 051572159	14
农十一师	0. 007469608	0. 448804711	0. 087861323	8
农十二师	0. 016959763	0. 292717847	0. 067190676	13
农十三师	0. 04921166	1	0. 222403198	4
农十四师	0	0. 393605244	0. 071697448	11

第二步：对第二个分目标工业潜在竞争力的 6 个指标数据使用 SPSS For Windows 统计分析软件进行主因子分析。可得到以下结果，见表 3 – 24。

表 3 – 24　KMO 和球形 Bartlett’s Test

Kaiser – Meyer – Olkin Measure of Sampling Adequacy.		0. 732
	Approx. Chi – Square	150. 721
	df	15
	Sig.	0. 000

由表 3 – 24 可知，因子分析法适用性检验通过。

由相关系数矩阵 R 计算得到特征值、方差贡献率和累计贡献率，如表 3 – 25 所示，可知第一因子的特征值是 4. 330，约占总方差的 72. 170%，基于取特征值大于 1 的规则，分析中提取 2 个因子，它们的累计贡献率在 91. 222%，说明 2 个因子已经提供了原始数据的足够信息，因此在此提取 2 个因子作为主因子。

表 3-25 解释方差总合（Total Variance Explained）

Component	Initial Eigenvalues			Rotation Sums of Squared Loadings		
	Total	% of Variance	Cumulative %	Total	% of Variance	Cumulative %
1	4.465	74.415	74.415	4.330	72.170	72.170
2	1.008	16.807	91.222	1.143	19.052	91.222
3	0.353	5.883	97.105			
4	0.170	2.835	99.940			
5	0.003	0.0053	99.993			
6	0.000	0.007	100.000			

Extraction Method：Principal Component Analysis.

同理，选用凯塞的方差最大旋转法进行了因子旋转，结果见表 3-26。

表 3-26 Rotated Component Matrix（a）

	Component	
	1	2
新产品产值产品销售收入	0.988	-0.045
工程技术人员数	0.758	-0.395
专业技术人员数	0.923	-0.113
流动资产总额	0.983	-0.065
长期负债总额	0.978	-0.086
工业企业的增加值增长率	-0.075	0.980

同样，可根据各因子得分及权重，计算出各师工业潜力总得分，如表 3-27 所示。

表 3-27 各师竞争潜力因子得分和总分排名

地区	F_1	F_2	F	排名
农一师	0.312912656	0.361302442	0.323019014	3
农二师	0.158825291	0.32028804	0.192547291	8

续表

地区	F_1	F_2	F	排名
农三师	0.091822791	0.201628053	0.114755963	12
农四师	0.193105627	1	0.361628041	2
农五师	0.097600427	0.192548528	0.117430635	11
农六师	0.203252522	0.456480902	0.256140061	4
农七师	0.177425107	0.482780213	0.241199476	5
农八师	1	0.231371321	0.839469497	1
农九师	0.05017709	0	0.039697448	14
农十师	0.051477725	0.857545398	0.219827479	7
农十一师	0.190715454	0.175954915	0.187632669	9
农十二师	0.031592604	0.671884784	0.165319628	10
农十三师	0.041394104	0.951784596	0.231532006	6
农十四师	0	0.330306825	0.068985614	13

在反映工业创新能力方面的主因子上，农八师得分最高，农八师在技术创新方面投入多，成效显著。得分最低的是农十四师，需要加强投入，其他各师都应该在这方面有所改变，尽量削减各师之间的差距。

综合来看，各师竞争潜力排名，农八师得分最高，农四师第二，农一师第三，各师之间存在明显差距，就是天山北坡经济带、南北疆内部发展也不平衡。

第三步：对第三个分目标各师工业环境竞争力的 5 个指标数据使用 SPSS For Windows 统计分析软件进行主因子分析。可得到以下结果，见表 3-28。

表 3-28 KMO 和球形 Bartlett's Test

Kaiser-Meyer-Olkin Measure of Sampling Adequacy.		0.734
	Approx. Chi-Square	51.565
	df	10
	Sig.	0.000

由表 3-28 可知，因子分析法适用性检验通过。

表 3－29 解释方差总和（Total Variance Explained）

Component	Initial Eigenvalues			Rotation Sums of Squared Loadings		
	Total	% of Variance	Cumulative %	Total	% of Variance	Cumulative %
1	3. 142	62. 849	62. 849	3. 129	62. 581	62. 581
2	0. 997	19. 933	82. 782	1. 010	20. 200	82. 782
3	0. 731	14. 629	97. 411			
4	0. 096	1. 919	99. 330			
5	0. 034	0. 670	100. 000			

Extraction Method：Principal Component Analysis.

由相关系数矩阵 R 计算得到特征值，方差贡献率和累计贡献率，如表 3－29 所示，可知第一因子的特征值是 3. 129，约占总方差的 62. 581%，基于取特征值大于 1 的规则，分析中提取 2 个因子，它们的累计贡献率在 80% <82. 782% < 85% 范围内，说明 2 个因子已经提供了原始数据的足够信息，因此在此提取 2 个因子作为主因子。

同理，选用凯塞的方差最大旋转法进行了因子旋转，结果见表 3－30。

表 3－30 Rotated Component Matrix（a）

	Component	
	1	2
招商引资	0. 971	－0. 042
地区生产总值	0. 958	0. 031
进出口额	0. 053	0. 996
能源利用	0. 587	0. 096
能源消费量	0. 959	0. 074

第一个因子中招商引资、地区国内生产总值、能源利用、能源消费量指标载荷值都比较大，而第二个因子中进出口额指标载荷值大。能源利用效率用单位消

耗强度的倒数来表示，用以说明地区单位能耗上的产出，即一单位资源消耗的产出量。如果某地区单位能耗少而产出量大，则说明该地区发展工业的生态环境代价小。所以我们把第一个主因子命名为生态环境因子，第二个因子可以称作非生态环境因子。

同样，可根据各因子得分及权重，计算出各师环境竞争力总得分，如表3-31所示。

表3-31　各师环境竞争力因子得分和总分排名

地区	F_1	F_2	F	排名
农一师	0.334089997	0.437481078	0.359314873	3
农二师	0.114616142	0.194671511	0.13414942	10
农三师	0.05405655	0.052982137	0.053793725	13
农四师	0.242876924	0.5761429	0.324195687	4
农五师	0.106242008	0.375719043	0.171997002	7
农六师	0.287681621	0.251892219	0.278945016	5
农七师	0.37217228	1	0.525366788	2
农八师	0.935868373	0.620345141	0.858864856	1
农九师	0.08153728	0.394187103	0.157827354	8
农十师	0.099363926	0.48834393	0.194279448	6
农十一师	0.03794024	0.17529518	0.071456366	12
农十二师	0.072569801	0.102936724	0.079978891	11
农十三师	0.092751314	0.323342416	0.149017743	9
农十四师	0.006391071	0	0.00483148	14

从表3-31可以看出，排名第一的农八师两个因子的得分都很高，说明农八师软硬件环境吸引力很高，生态环境竞争力也很强，农八师的生态环境竞争力高于自身的非生态环境竞争力。要发展现代化工业，必须重视生态环境支持下的工业可持续发展，在循环经济上下工夫。农四师、农五师、农七师、农九师、农十师、农十一师、农十二师、农十三师这些师的非生态环境竞争力高于生态环境竞争力，说明这些师在发展工业时只注重软硬件环境吸引力的影响，忽视了生态环

境的影响力。其他各师工业要可持续发展，必须足够重视生态环境的制约作用。

第四步：对前三步的结果进行加总，计算地区工业竞争力综合得分。地区工业竞争力主要是由工业现实竞争力、潜在竞争力、环境竞争力三个方面的因素决定。这三个方面是相互联系、相互影响的。

关于这三方面之间的影响力，以及分别对工业整体竞争力的贡献，目前理论界还无确切结论，可能不同地区有不同的结果。一般情况下，当几个因素之间的权重很难衡量时，我们采用最简单的算术平均法计算。鉴于此，本书将影响工业竞争力的三因素得分用算术平均法汇总得出各师的工业竞争力综合得分，结果如表 3－32 所示。

表 3－32　2009 年兵团各师工业竞争力综合排名

地区	工业竞争力	排名	实力	排名	潜力	排名	环境力	排名
农一师	0.254787061	3	0.323019014	3	0.359314873	3	0.31237365	3
农二师	0.10913947	6	0.192547291	8	0.13414942	10	0.145278727	8
农三师	0.08030792	10	0.114755963	12	0.053793725	13	0.082952536	13
农四师	0.30459177	2	0.361628041	2	0.324195687	4	0.330138499	2
农五师	0.069441503	12	0.117430635	11	0.171997002	7	0.119623046	9
农六师	0.157724176	5	0.256140061	4	0.278945016	5	0.230936418	5
农七师	0.104756883	7	0.241199476	5	0.525366788	2	0.290441049	4
农八师	0.885087746	1	0.839469497	1	0.858864856	1	0.8611407	1
农九师	0.086525794	9	0.039697448	14	0.157827354	8	0.094683532	12
农十师	0.051572159	14	0.219827479	7	0.194279448	6	0.155226362	7
农十一师	0.087861323	8	0.187632669	9	0.071456366	12	0.115650119	10
农十二师	0.067190676	13	0.165319628	10	0.079978891	11	0.104163065	11
农十三师	0.222403198	4	0.231532006	6	0.149017743	9	0.200984315	6
农十四师	0.071697448	11	0.068985614	13	0.00483148	14	0.048504847	14

从表 3－32 可以看出：农八师的工业竞争力在各师中是最强的，排名第二的农四师得分（0.330138499）和农八师有很大差距，其他各师工业竞争力得分与农八师差距更大。从总体上看，天山北坡经济带，特别是农八师的工业竞争力优

势明显，南疆农十四师工业竞争力较弱，严重制约兵团工业总体竞争力的提高。从动态看，竞争力强的师的工业现实竞争力、潜在竞争力、环境竞争力都较强，而竞争力较弱的师的工业现实竞争力、潜在竞争力、环境竞争力都较弱，使本已存在的差距进一步拉大，各师工业发展不平衡。竞争力较弱的师，关键是产品结构不合理和生产技术水平、管理水平较低。提升这类地区竞争力的核心是提高劳动生产率和资金生产率以及产品的附加值率。

第四章　兵团工业经济增长因素实证分析

第一节　工业所有制结构变动分析

改革开放所带来的一个突出变化，就是企业所有制结构的迅速变动。体制改革的推进使内资企业中非国有企业的数量和比重不断增加，对外开放的扩大则使各种外商投资企业（包括港澳台投资企业）得到迅速发展。企业所有制结构的变化在工业领域中表现更加突出，并且对工业增长和发展具有更大的作用和影响。尤其体现在所有制结构调整对资源配置效率方面。

所有制经济结构的调整必然导致资源在不同所有制经济之间的再配置，资源再配置产生什么样的结果，我们可以用资源再配置效应来进行衡量，从理论上讲，如果资源向生产率高的所有制经济流动，资源配置就会有较高的效应；相反，如果资源向效益较低的所有制经济流动，资源再配置的效应就会降低甚至是负数。兵团工业所有制结构在其演进过程中，所有制结构的变动是否对工业增长效益起积极作用呢？下面就此问题加以分析。

一、兵团工业所有制结构变动的态势及特点

近些年来，兵团工业所有制结构发生了重大变化。在整个兵团工业总产值结构中，国有工业的比重由1990年的96.9%下降到2006年的29.5%，下降了66.4个百分点；集体工业的比重由1990年的2.5%下降到2006年的0.2%，低于国有工业；其他类型工业（包括外商投资工业、港澳台投资工业、股份制工业、联营工业、私营工业和其他工业六个部分）的比重由1990年的0.5%上升到2006年的70.3%，上升幅度较大。从这个所有制结构中可以发现，兵团工业所有制结构单一的局面逐步被打破，国有企业正在大幅度地从许多行业中退出，多种所有制工业并存的结构格局得以形成。

在独立核算工业企业中，从各所有制工业的产出构成看，见表4-1，国有工业与其他工业增加值比重变动幅度很大，且变动方向相反。国有工业比重从1990年的100%下降到2006年的15.3%，相反其他工业比重由1990年的0上升为2006年的84.6%，可以说国有工业在这些年中基本转型为其他工业，集体工业仅增加了0.1个百分点。在工业总产值结构和销售收入构成中，国有工业的比重下降幅度依然很大，其他类型工业的比重上升速度很快。

表4-1　各所有制工业产出构成的变动[a]（%）

时间	占工业增加值			占工业总产值[b]			占工业销售收入		
	国有	集体	其他	国有	集体	其他	国有	集体	其他
1990	100	0	—	96.9	2.5	0.6	93.8	6.2	—
1991	93.9	6.1	—	97.1	2.3	0.6	93.7	6.3	—
1992	94.1	5.9	—	96.8	2.5	0.7	94.1	5.9	—
1993	—	—	—	96.5	2.8	0.7	84	16	—
1994	91.7	7.5	0.8	93.9	3.9	2.2	89.1	7.9	3.0
1995	87.0	7.7	5.3	92.4	4.2	3.4	85.2	9.6	5.2
1996	76.6	13.3	10.1	86.8	7.7	5.5	84.7	8.7	6.6
1997	79.1	6.7	14.2	81.6	7.6	10.8	75.4	10.1	14.5
1998	76.4	7.7	15.9	82.6	5.2	12.2	76.2	7.5	16.3

续表

时间	占工业增加值			占工业总产值[b]			占工业销售收入		
	国有	集体	其他	国有	集体	其他	国有	集体	其他
1999	59.7	7.6	32.7	77.7	5.9	16.4	62	7.3	30.7
2000	58.5	6.7	34.8	72.4	5.0	22.6	52.9	5.8	41.3
2001	46.3	2.5	51.2	60.6	3.1	36.3	44.7	3.6	51.7
2002	41.3	2.1	56.6	57.5（52.7）	3.0（3.3）	39.5（44.0）	38.9	3.7	57.4
2003	26.1	1.8	72.1	42.1	2.3	55.6	26.4	2.8	70.8
2004	18.6	-0.1	81.5	34.3	0.6	65.1	19.8	0.3	80.3
2005	16.2	0.1	83.7	32.1	0.5	67.4	14.9	0.2	84.9
2006	15.3	0.1	84.6	29.5	0.2	70.3	14.3	0	85.7

注：a. 为独立核算工业企业数字，以当年价格计算。b. 本表2002年数据按照新口径统计，剔除了纤维原料初步加工业；2002年前为老口径。

资料来源：根据历年《新疆生产建设兵团统计年鉴》整理计算。

从各所有制工业投入结构的变动看，如表4－2所示，在独立核算工业企业中，国有工业的总资产（固定资产净值加流动资产年平均余额）比重由1990年的95.8%下降为2006年的18.7%，降低77.1个百分点；集体工业的比重则呈倒U形变动，到2006年其工业总资产比重几乎为零；而其他类型工业的比重则一直大幅度上升，从无上升到2006年的81.3%。从工业固定资产净值构成看，国有工业的比重由96.4%下降为23.3%，降低73.1个百分点，集体工业和其他类型工业的固定资产比重上升态势，与总资产比重的变化大体相同。与前两项相比，工业劳动力结构的变动幅度要稍小些，国有工业的比重1990年为90.4%，2006年降低为30.5%，下降59.9个百分点，集体工业的比重下降几乎为零，其他类型工业的比重从零上升到2006年的69.5%，提高幅度较大。但同时应当指出，股份制工业中有很多是国有企业控股或参股的工业，外商投资工业和港澳台投资工业中也有不少是与国有企业合资或合作经营的工业，因而严格说来国有工业的比重并没有下降那么快，或者说，国有工业在其他类型工业中仍起着一定的作用。

表 4-2 各所有制工业投入构成的变动[a]

时间	占工业总资产[b]			占工业固定资产[c]			占工业劳动力[d]		
	国有	集体	其他	国有	集体	其他	国有	集体	其他
1990	95.8	4.2	—	96.4	3.6	—	90.4	9.6	—
1991	95.2	4.8	—	96.4	3.6	—	90.6	9.4	—
1992	95.5	4.5	—	96.4	3.6	—	91.3	8.7	—
1993	40.9	4.5	—	90.1	9.9	—	—	—	—
1994	92.1	5.8	2.1	92.7	4.6	2.7	89.9	9.1	1.0
1995	88.8	7.5	3.7	89.6	6.1	4.3	87.6	10.6	1.8
1996	86.9	8.1	5.4	88.9	6.0	5.8	87.8	10.0	2.2
1997	78.3	8.0	13.7	82.1	6.4	11.5	82.3	10.2	7.5
1998	79.7	5.0	15.3	84.7	3.6	11.7	84.1	7.6	8.3
1999	67.8	5.1	27.1	75.0	4.6	20.4	81.0	8.3	10.7
2000	59.6	3.4	37.0	68.8	2.9	28.3	78.5	8.2	13.3
2001	52.9	2.0	45.1	57.4	1.0	41.6	59.2	6.2	34.6
2002	41.8	1.6	56.6	46.6	0.5	52.9	55.7	5.3	39.0
2003	32.1	1.4	66.5	35.8	0.6	63.6	47.3	4.5	48.2
2004	25.7	0.1	74.2	27.9	0.1	72.0	41.4	0.6	58.0
2005	23.0	0	77.0	28.1	0	71.9	38.9	0.2	63.9
2006	18.7	0	81.3	23.3	0	76.7	30.5	0	69.5

注：a. 为独立核算工业企业数字，价值指标以当年价格计算；b. 为固定资产净值年末数加定额流动资金年平均余额；c. 为定额流动资产年平均余额；d. 为全部职工年末人数。

资料来源：根据历年《新疆生产建设兵团统计年鉴》整理计算。

二、兵团工业所有制结构变动的效益比较

在现阶段所有制结构的变动带动了兵团工业的快速增长，同时也对工业增长的效益起着积极的作用。

1. 各所有制工业的增长效率

对兵团 1990 年以来各种不同所有制类型对其工业增长的贡献及各自的要素

投入的情况进行了估算。为了较为客观地反映实际产出的变化，为此对各种价值指标进行了价格调整。以1990年为基数年，对各年的产值与资产进行了不变价格的换算。估算的结果如表4-3所示。

表4-3　兵团工业所有制形式的增长率及其贡献

	总产值	资本投入	劳动投入	全要素生产率
兵团1990~2006	9.68	15.27（124.62）	-3.42（-7.42）	-1.665（-17.20）
国有1990~2006	1.85	5.47（272.02）	-9.78（-42.29）	-2.4（-129.73）
集体1990~2005	-4.11	-19.53（279.22）	-25.71（257.52）	17.95（-436.74）
其他1994~2006	43.44	53.47（98.29）	35（1.6）	-0.047（0.11）

注：括号内数据为各所有制经济的贡献率。

从表4-3可以看出，1994年后，兵团非国有经济（主要以股份制企业等其他工业）的发展速度大大超过国有经济，主要表现在产出和要素的投入方面。兵团工业总产值的年均增长速度为43.44%，而国有工业的年均增长速度仅为1.85%。从要素投入来分析，可以看出，这期间，兵团工业的资本投入保持了年均增长率为15.27%的高速度，国有经济的资本投入年均增长率为5.47%，集体经济为-19.53%，其他经济为53.47%；劳动投入方面，国有经济和集体经济都呈下降趋势，年均增长率分别为-9.78%、-25.71%，而其他经济成分则呈快速增长之势，年均增幅达35%；综合要素生产率方面，除集体工业外，国有工业和其他工业增长率都为负数；从贡献率来看，非国有经济表现出了一定的贡献率，但仍然较小，而国有工业和集体工业都表现为负的贡献率，没有带动兵团工业经济的快速发展。总体来看各种所有制成分的运行效率不是很好，社会资源逐渐向其他工业流动。

2. 各所有制工业的经济效益水平

从收集资料显示看，资金利税率、产值利税率、每百元固定资产原价实现利税和每百元销售收入实现利税等七个指标，各所有制工业的效益水平从20世纪90年代以来均有一定幅度的变动且具有阶段性变动的特点。

首先在资金利税率、百元收入实现利税及资金周转次数三项指标中，国有工业与集体工业基本上呈下降的变动趋势，这种现象表现在两个时期，从1990～1999年期间及2000年以来，在2000年上升幅度较大，此后开始下降，而其他类型工业则呈上升趋势；每百元固定资产原值实现利税，国有工业和集体工业到20世纪90年代末有大幅度下降，之后又开始回升，但集体工业上升较快，其他类型工业呈上升趋势。也就是说，对以上四个指标的效益水平变动，与国有工业相比，非国有工业在90年代以来则起了主要作用。

其他几个经济效益指标的变动态势，全员劳动生产率，各所有制工业均大幅度上升，其他类型工业的升幅明显高于国有工业与集体工业；工业增加值率，各所有制工业均有所上升，与国有工业和集体工业相比，其他类型的工业上升幅度更大；流动资产周转次数，国有工业与集体工业有所下降，其他类型的工业大幅度上升。

总的来说，这几个效益指标的变动，集体工业好于国有工业，其他类型工业又好于集体工业，非国有工业对整个工业经济效益水平的变动起了一定的积极作用，例如，提高了兵团工业企业的技术效率。这种提高可能来自两个方面。其一，非国有企业改变了国有企业的运行机制，变无人负责为有人负责，从而达到节约投入、提高效率的效果。因此，这些企业本身的增加便是对兵团整体工业效率的提高。其二，非国有成分的增加还可能对全体企业从两方面产生正的外部性：一是非国有企业的增加加剧了市场竞争，从而迫使所有的企业提高效率，以便能在激烈的竞争中生存；二是外资的进入可能同时带来先进的生产和管理技术，并扩散到其他企业中去。但同时也反映出非国有工业发展比较缓慢，如产值利税率、固定资产利税率等方面远落后于同时期全国平均水平，非国有工业的总体规模及所占份额都处于较低水平，总体水平不高。

三、结论

综上所述，可以得出如下几个方面的结论：

（1）从兵团近些年的工业经济发展来看，经过了所有制改革，兵团的所有制结构已从单一公有制的所有制结构转变为以公有制为主体、多种所有制经济共同发展的所有制结构；公有制经济与非公有制经济及其内部构成的比重均已发生变化，非国有经济的增长速度快于国有经济的增长速度，非公有制经济的增长速度快于公有制经济的增长速度。理论上讲，所有制改革和所有制结构的演变不仅影响经济增长的速度，而且影响经济运行的稳定性，乃至影响经济增长的质量。兵团非公有制经济的参与，资源从国有经济领域向非国有经济领域的流动，相应扩大了兵团的工业经济总量，带来了资源配置效率的提高，提高了工业经济的运行效率，推动了工业经济增长。

（2）工业企业中国有及国有控股企业比重大，回报率低。兵团规模以上工业企业中国有及国有控股企业占75%。国有及国有控股企业总资产贡献率和全员劳动生产率低于外商投资企业、股份合作企业和私营企业。

（3）虽然兵团工业非国有经济较国有经济机制较灵活，市场化程度较高，但其萌生、壮大的基本环境仍属初级市场经济，发育也很不完善。尤其是中小非国有企业的融资困难，造成其在产品研发与技术创新方面动力不足，对兵团工业经济的拉动力不够，贡献率不高。

总之，非国有经济的发展，一方面增加了市场供给，另一方面在于促进了市场竞争，推动了市场机制的发育和完善，促使包括国有经济在内的公有经济不断提高经济效率。因此，推进兵团新型工业化进程和促进工业的发展，应积极调整所有制结构，不断提高资源的配置效率。

第二节　人力资本投入分析

人力资本与物质资本相比较而言，是一种更不能忽视的特殊资本，随着工业化的深入，特别是当今科学技术的快速发展，劳动的质量而不是数量日益成为生产增长的决定因素。在经济活动的各要素中，唯有人的劳动是主动的、能动的，其他资源都必须经过人的劳动才能转化为满足人类需要的财富。兵团工业经济的发展历程也充分证明，人力资本始终是关系屯垦成边事业发展的关键。

一、兵团人力资本投入状况分析

1. 兵团人力资源现状

兵团人力资源分布不合理直接反映出工业处于弱势地位。

目前，兵团人才主要集中分布在教育、卫生、农业等领域，工业、电子信息技术、服务业领域人才不足。兵团产业发展的层次较低，结构不合理。如果说全国工业化处于中期阶段，那么目前兵团的工业化处于初期阶段。

人才总量不足，研发人员严重缺乏的现实致使兵团企业产品科技含量低，附加值低，开发新产品的能力弱。

兵团人才总量比全国平均比例低约 10%，研究生以上学历人数或高层次科技人才不及全国平均比例的一半，从事工业研发活动的人员占兵团研发活动总数不足 10%。兵团每 10 万人口所拥有的科学家和工程师人数仅为 338 人。兵团拥有技术开发机构的企业占工业企业的比重为 8.6%，而全国为 8.8%；兵团相当部分大中型工业企业没有技术开发机构，大中型工业企业技术开发人员占工业职工比例为 1.6%，全国为 3.4%；兵团新产品销售收入占产品销售收入比重仅为 0.98%，全国平均为 15%。新产品销售利润占产品销售利润的比重为 1.7%，全国平均为 10.4%。

人力资本质量低，虽然近些年兵团不断加强人才的培养，由表 4－4 可看出，万人拥有科技人员数呈现上升趋势，但依然不能满足工业经济发展的需要。在 2002年末，兵团企业管理人员总数 91922 人，具有本科学历的占 2.5%；大专学历占 22.1%，中专学历占 19.4%；高中及其以下学历占 56%。这种状况与兵团现代科技和经济发展的要求相去甚远。与发达国家相比差距更大，在高级经理人员中拥有学位的人员所占比重，美国为 95%，日本为 85%，法国为 63%，德国为 62%。另据兵团第一次全国经济普查公报显示，兵团 757856 名就业人员中，具有研究生以上学历者占 0.2%；具有大学本科学历者占 5.8%；具有大专学历者占 16.4%；具有高中学历者占 27.6%；具有初中及以下学历者占 50%。2007 年兵团人力资源情况见表 4－5，具有高级职称人员占职工总数仅为 5%，其他各技能人员的比重都低于新疆平均水平，人才密度只有 21%，比新疆低了38个百分点。人力资本素质低，成为制约兵团经济发展的重要因素之一。

表4-4　万人拥有科技人员数　　单位：人

年份	1990	1991	1992	1993	1994	1995	1996	1997	1998
人数	1232	1310	1387	1324	1357	1389	1508	1508	1750
年份	1999	2000	2001	2002	2003	2004	2005	2006	
人数	1834	582	1871	1756	1810	1863	1875	1925	

资料来源：根据历年《新疆生产建设兵团统计年鉴》整理。

表4-5　人力资源基本情况统计　　单位:%

	高级职称人员占职工总数	高级技能人员占职工总数	高级技能人员占技能人员总数	专科及以上学历占职工总数	教育经费占工资总额	人才密度
新疆	14	13	32	40	0.9	59
兵团	5	9	17	14	1.4	21

资料来源：根据教育部2008年5月公布的《二〇〇七年职工教育培训统计（汇总）表及分析报告》整理。

2. 兵团人力资本投入状况

近些年来，兵团对人力资本投资有了很大改善。比如努力发展教育事业，人口文化素质有所提高，文盲半文盲人口比重下降，开始重视培育和发展劳动力市场，人力资本配置呈现市场化趋向等，但必须看到，兵团的人力资本总量已难以支撑经济的快速发展，人力资本投资并不充足。这主要是长期以来，教育投资基本由兵团财政垄断，加之多年积累的社会和经济问题非常严重，兵团教育投资严重不足，兵团1990～2006年教育经费占GDP及全社会固定资产投资比重如表4-6所示。

表4-6　兵团教育投资占兵团GDP和全社会固定资产投资比重　　单位:%

项目/年份	1990	1991	1992	1993	1994	1995	1996	1997
占GDP的比重	0.31	0.41	0.48	0.65	1.08	0.91	1.24	0.92
占全社会固定资产投资比重	1.47	1.61	1.54	1.96	3.77	2.98	3.78	2.90
项目/年份	1998	1999	2000	2001	2002	2003	2004	2005
占GDP的比重	1.43	1.46	1.78	1.44	1.54	1.53	1.39	1.95
占全社会固定资产投资比重	4.46	3.93	4.36	3.22	3.27	3.40	3.12	4.70

资料来源：根据历年《新疆生产建设兵团统计年鉴》整理。

2000～2004年兵团用于中小学及高等教育投资总额48.88亿元占5年间兵团累计一般预算支出总额的9.62%，占5年间兵团国内生产总值的4.3%。其中2004年兵团人力资本投资为15.85亿元，占当年兵团一般预算支出总额的11.46%，低于全国（16.85%）和新疆（14.39%）的平均水平。此外后续教育投入也不足，主要体现在对职工在职培训和培训经费的投入。从总体上看，由于国家相关法律条款不健全，在职培训和职工教育中企业的利益无法得到保障，作为微观经济主体的企业，并没有充分认识到人力资本在生产中的作用，多数企业对此投资的积极性不高，往往表现为一种被动的适应性和随意性。由表4-7可以看出，兵团企业每人每年的职工培训费仅为55～75元，尽管国务院早就颁布了《关于加强职工教育工作的决定》，并规定职工教育经费按工资总额1.5%的比例提取，但近些年来兵团企业职工教育经费不到位，表现出下降趋势。

表4-7　1999～2003年兵团企业职工教育经费支出

单位：万元，人，元/年

项目/年份	1999	2000	2001	2002	2003
支出总金额	4099	4687	4357	4468	5174
职工人数	739925	617960	661427	537249	684100
人均金额	55.39	75.84	65.87	83.16	75.63

资料来源：《新疆生产建设兵团统计年鉴》（1999～2003年资料计算）。

二、人力资本对经济增长的影响分析

决定经济增长的因素很多，其中资本、劳动力、技术进步和人力资本被认为是一国经济增长的主要决定因素，美国经济学家舒尔茨研究了发达人力资本的变动和工业经济增长之间的关系，发现发达人力资本对工业经济增长起着重要作用。究竟人力资本对推进兵团新型工业化起着怎样的作用，下面我们来进行具体分析。

1. 人力资本产权制度改革不彻底，影响工业经济效益的提升

在兵团现行的工业企业产权制度改革中，基本上是局限于物质资本的产权改革，研究的是企业物质财产权利的分享。它虽然明确了企业产权所有者、决策人员、经理人员间的关系，以及如何在各物质资本产权所有者之间分配企业收益的问题，但由于没有看到企业中的人力资本，没有建立一套完善的、具有良好激励约束机制的人力资本产权制度，这只能是构成了兵团国有工业企业现代企业制度改革成功的基本条件。但是，由于兵团国有工业企业产权制度改革只着眼于物质资本产权的改革，而忽略了人力资本产权问题，使企业内部产权结构不尽合理，只能体现物质资本所有者的利益和地位，而企业内部人力资本所有者的利益和地位却得不到应有的体现。因而在这种制度下，主要由兵团控制的兵团国有工业企业的经营活动，占有全部或绝大部分收益，而劳动者和管理者的实际地位并未发生实质性的变化，他们实际上仍然依附于物质资本，受物质资本所支配，在国有工业企业股份制改造后，职工既不是权力机构的成员，也不是企业最终利益的归属者，更不是企业所有者，也没有剩余索取权，劳动者当然既没有动力（剩余索取权），也没有足够的权力（充分的控制权）去关心企业的经营情况，进而“关闭”其部分甚至全部的人力资本，并把追求“在职闲暇效应”、“偷懒”、“搭便车”等作为自己的行为倾向。而无论是理论上的推断还是实际调查的结果，都说明企业经营得好坏、成败，起决定作用的是企业人力资源。现实中由于兵团国有工业企业改革忽视了人力资本产权，导致了物质资本垄断企业剩余，人力资本的剩余索取权被“剥夺”，进而产生“劳动者不勤”、“经营者不力”、“管理不善”、“经营失败”的现象处处可见，

企业员工不能从正当渠道获得企业剩余，而采取诸如流失国有资产、编造假账等非正当手段隐瞒剩余，侵蚀剩余。特别是在所有权与控制权相对分离的现代企业里，由于信息不对称因素的存在，企业经营中存在着不可克服的代理成本，企业经营者拥有控制权，而又没有剩余索取权，这就是矛盾，而这种不对称的情况，必然会给企业所有者带来一定的“剩余损失”，也不利于企业的发展。

2. 人力资源开发的新机制尚未建立

由于长期受计划经济体制和旧有的管理方式的惯性影响，传统的用人政策、分配政策，以及人事管理模式在理念、体制、机制和政策等方面，都与市场经济体制和 WTO 规则的要求有一定的差距。目前兵团的人力资源开发新机制并没有完全建立和有效地运转，竞争机制、激励机制和淘汰机制尚不健全，特别是企事业单位的用人政策不够灵活，如选人用人机制上，兵团选拔领导干部时仍大多采用计划经济时代的老办法，主要由上级考察任命干部，要建立健全兵团干部选拔任用管理的新机制，必须防止和克服少数人在“小圈子”内选拔少数人的现象，人员能进不能出，职务能上不能下，待遇能高不能低，论资排辈平均主义等现象还不同程度地存在。具体表现在专业化人力资本成长的“土壤”残缺，不能有效地吸引相应的人力资本。客观上讲，兵团工业企业没有和全国同步进入工业化的中期阶段，与“文化大革命”时期 70 多家骨干企业移交自治区人民政府后，兵团工业中断发展有一定的关系。一方面，这使专业化的人力资本整体转移，造成人力资源断档、流失；另一方面，由于缺少一些工业项目或资源的使用、开采权，不能提供专业化人力资本赖以发展的工作岗位，如石油化工、冶炼、钢铁、服装设计、商流、物流、信息流等岗位或很少或不能形成一定规模，这一类专业化人力资本就不可能来安家落户，也就是说“英雄无用武之地”。

3. 工业企业的综合效益不高，对人力资本的吸引力大大降低

兵团工业企业的综合效益情况是：兵团工业企业全员劳动生产率为 27927.94 元，相当于全国 73045 元的 38.23%，相当于地方 55712.72 元的 50.13%；总资产贡献率为 4.80%，比全国的 10.5% 低了 5.7 个百分点，比地方

的12.48%低了7.68个百分点；成本费用利润率3.41%，比全国的6.25%低了2.84个百分点，比地方的14.92%低了11.21个百分点。企业效益不好，对企业自身来讲，不可能大量招聘员工；对多数人力资本而言，就是企业要招聘人员，也会望而却步。同时，由于企业效益不好，还会对企业固有的专业化人力资本产生“推力”效应，造成企业专用人力资本流失，这无疑会进一步恶化企业的经济效益。

4. 对现有人力资本投资不足，致使特殊专业化人力资本变为一般人力资本

大多数企业忽视内部员工的开发和培训，在科学技术日新月异的今天，员工拥有的知识和机器设备在使用和非使用的过程中也会发生磨损，也需要考虑折旧和补给。如果不对员工进行再培训，员工无法跟上技术进步的步伐，无法掌握新设备、新工艺、新技术的操作。特别是企业特殊专业的技术员、工程师，如果不对其进行培训，学习掌握本专业最新、最前沿的知识和技术，其知识结构就会老化，最终会变成普通的人力资本。这也是兵团企业产品几十年保持不变、科技含量低、创新产品率低的原因之一。

5. 适应工业发展的人力资源匮乏，阻碍了工业经济的发展

宋光辉（2003）研究不同文化程度人口对经济增长的作用时指出，改革开放以来到2000年，小学文化人口对经济的增长作用是逐年递减的，初中文化人口对经济的增长作用基本上比较稳定，高中及以上文化人口对经济的增长作用是逐渐增强的。就兵团而言，工业发展初期，技术水平低下，大量的低素质的劳动力可以促进工业经济的增长。而随着工业的进一步发展和结构的升级，工业发展需要大量的高素质人才，特别是中高等以上技术人才，但目前兵团工业的就业人员素质不高，既缺乏一批技术创新能力强、敬岗爱业的专业技术人才和中高级技术工人队伍，也缺乏一批熟悉国内外市场、善经营、热爱兵团的企业家队伍，更缺乏一批懂工业、善管理、组织能力强的领导干部队伍。加上兵团绝大部分企业管理者是任命的，带有较严重的“官本位”特点，自主开拓、创业的管理者较少。这样大量低素质的人员也阻碍了兵团工业经济的进一步发展。

第三节　全要素生产率对工业经济增长贡献分析

TFP也被称为全要素生产率，是指与要素投入增长无关的产出增长，与仅由技术进步带来的效益增长相比，TFP更加全面，因为它还反映了更有效的资源配置和管理，更密集的劳动力使用和更有力的经济、法律和制度环境。全要素生产率（TFP）是一个国家或地区经济增长质量和技术进步、管理效率提高的重要标志，正确、科学测算TFP对区域经济增长和技术进步及政策研究非常重要。工业经济增长就是整体生产力的提升，下面就应用全要素生产率来评估兵团工业的整体经济效益，以此进一步分析全要素生产率的变化对工业经济增长所受的影响。

一、全要素生产率的估算方法与模型

按照索罗的定义，TFP是指各要素（如资本和劳动等）投入之外的技术进步对经济增长贡献的因素。分析的基本思路是将生产要素简化为资本和劳动两项，给定总量生产函数，采用产出增长率扣除各投入要素增长率后的残差来测量全要素生产率增长。

全要素生产率的估算方法可归结为两大类：一类是增长会计法；另一类是经济计量法。增长会计法是以新古典增长理论为基础，估算过程相对简便，考虑因素较少，但主要缺点是假设约束较强，也较为粗糙；而经济计量法利用各种经济计量模型估算全要素生产率，较为全面地考虑各种因素的影响，但估算过程较为复杂。

全要素生产率的测算有很多模型方法，如柯布—道格拉斯生产函数法、常替代弹性生产函数、超越对数生产函数法等。全要素生产率指资本、劳动等要素投入之外的技术进步和管理效率提高对经济增长贡献的因素，是估算总量生产函数时所得的残差（也称索罗残差）。测算时常用的C－D（Cobb－Douglas）生产函

数模型。

其模型构造参考前面所述的所有制结构及人力资本分别对工业经济的影响分析中的设定一致，在此不多赘述。

二、数据说明

指标确定与数据的处理方面，该模型涉及的数据主要有总产出、资本投入和劳动投入，下面对使用的指标和数据做一个简单说明。

1. 总产出（Y）

衡量一国产出的总量指标主要有国内生产总值、国民生产总值和国民生产净值，本书考虑通常使用惯例，以国内生产总值（GDP）代表总产出。将当年价格用 1990 年不变价换算成可比价格进行运用。

2. 资本投入（K）

与前面所述一致，采用固定资产净值与流动资产年平均余额之和，再经过 1990 年不变价格换算，进行计算。

3. 劳动投入（L）

与前面所述一致，采用历年年末从业人员年平均人数作为简单劳动投入的代表指标。

三、全要素生产率对工业经济增长贡献的估算结果及分析

研究中数据样本主要以 1990 ~ 2006 年为准，所有统计数据来自历年《新疆生产建设兵团统计年鉴》。根据选择的模型选取的主要指标有：①以国内生产总值（GDP）指标衡量经济增长；②以从业人员数衡量劳动力投入；③以工业固定资产投资衡量资本投入。为了消除价格因素的影响使各年数据具有可比性，将国内生产总值和固定资产投资数据全部按 1990 年不变价核算。这些指标与研究中第一部分的关于所有制结构变化对工业经济资源配置效应的分析中的指标选取一致，为此可直接用该部分的计算结果来分析。

在取得上述数据后，采用前面的方法，我们进行了工业的全要素生产率的计算。结果如表 4 – 8 所示。

表 4-8　各所有制经济对工业经济的综合要素增长率及其贡献率

年份	兵团	国有	集体	其他
1991	-0.09526	-0.08665（0.90962）	-0.01238（0.12996）	
1992	0.059998	0.071609（1.19352）	0.018806（0.31344）	
1994	0.109483	0.142901（1.30523）	0.755743（6.90283）	
1995	0.005884	0.006295（1.06985）	-0.00742（-1.26105）	
1996	0.398647	0.428379（1.07458）	0.014335（0.03596）	0.58585（1.46960）
1997	-0.05663	-0.02903（0.51263）	-0.08675（1.53187）	-0.36577（6.45894）
1998	0.071959	0.141405（1.96508）	-0.14486（-2.01309）	-0.06573（-0.9134）
1999	-0.07721	-0.1441（1.86634）	-0.15557（2.01489）	0.559643（-7.2483）
2000	-0.04218	-0.00967（0.22926）	-0.08923（2.11546）	-0.4764（11.2945）
2001	0.074974	0.063883（0.85206）	-0.45101（-6.0155）	0.951441（12.6903）
2002	0.139153	0.021211（0.15243）	0.180138（1.29453）	0.318219（2.28683）
2003	-0.11802	-0.02925（0.24784）	-0.15532（1.31605）	-0.63049（5.34223）
2004	-0.16112	-0.05334（0.33106）	-0.5682（3.52656）	-0.37949（2.35533）
2005	-0.13843	-0.02015（0.14556）	-0.01238（0.08943）	-0.17386（1.25594）
2006	-0.54178	-1.26931（2.34285）		-0.38774（0.71568）

注：括号内数据为各所有制经济的贡献率。

从表 4-8 可以看出：从总体来看，全要素生产率对经济增长的贡献份额非常低，为 -17.20，说明除物质投入与劳动力投入外的其他因素制约着工业经济的发展，主要包括政策、体制、技术进步等因素。从各所有制经济类型的全要素生产率对工业经济的贡献份额看：

（1）在三种类型的企业中，国有制企业的贡献份额基本上呈下降趋势，尤其是 2000 年以来尤为突出，而非国有企业的贡献份额相对要高些，这主要依赖于兵团经济体制的不断改革，使其他非国有企业逐步得到发展。

（2）从全要素增长率来看，2000 年以来虽然国有企业呈现负增长，但总体上要比其他企业发展得快，这主要是由于兵团作为党政军企合一的特殊组织，为稳固边防和发展壮大经济，大力支持国有与国有控股企业的发展，投资趋向于这类企业，这样才能保证其财税的来源，从而维护边疆的稳定，因此则忽视了非国有企业，使得非国有企业进入市场的门槛提高，融资困难。

（3）从整个兵团的工业经济全要素生产率来看，除一些年份外，增长率均为负数，也就是说除了兵团体制外还有政策或技术等方面因素制约了工业经济的发展，例如技术进步方面，由于兵团的绝大部分企业所使用的机器设备依然是20世纪五六十年代的陈旧设备，不能适应现代经济的需求，极大地影响了劳动生产率的发挥。

第四节　体制改革、投资和对外开放对工业经济的影响

自中国共产党十一届三中全会提出了改革开放的重大战略决策以来，中国的社会经济面貌发生了巨大的变化，特别是经济体制改革使中国的经济在30年间实现了飞速增长。作为一支负有屯垦戍边使命的且具有光荣革命传统的组织——新疆生产建设兵团，也在改革开放方针的指引下，不断探索实践，通过体制改革，推动自身经济的发展，取得了很大的成就，其中作为兵团经济重要组织部分的工业经济更是走在了兵团改革的前列，使兵团工业经济实现了新的历史飞跃，并且克服了经济运行中的困难，逐步建立起了一套适合社会主义市场经济要求的经济体制和运行机制，同时也加大了对经济的投资力度。下面就兵团的体制对工业经济的影响加以分析。

一、模型建立

本课题选取体制改革、投资和对外开放三个因素作为解释变量，用来分析影响兵团工业增加值变动的因素。为简化模型并说明问题，采用非国有企业增加值（Fgygdp）来反映体制改革因素，用工业固定资产净值（Zchjzh）来反映投资因素，用工业外贸进出口总额（Wmjchk）来反映对外开放因素。各指标的含义如下：

Fgygdp = 非国有工业 GDP

Wmjchk = 工业外贸进出口总值

Zchjzh = 工业固定资产净值

以上指标选用 1990 ~ 2008 年 19 年兵团统计年鉴数据计算。原始数据见表 4 -9，建立以兵团工业增加值为因变量，兵团非国有工业增加值、兵团工业固定资产净值、兵团工业进出口总值三个变量为自变量的多元回归线性方程，并用 Eviews 3.0 统计软件进行建模分析。即：

$$\Delta Gygdp = C + \alpha Fgygdp + \beta Zchjzh + \gamma Wmjchk + \ddot{u}_i$$

表 4 -9 模型的样本数据

年份	工业产值（万元）	国有企业 GDP（万元）	非国有企业 GDP（万元）	工业外贸进出口总值（万元）	工业固定资产原值（万元）	固定资产净值	工业增加值（万元）
1990	474344	458596	15748	2022	154150		10000
1991	561456	543966	17490	3858	182156		262689
1992	570925	552435	18490	7132	206884		129276
1993	624876	603352	21524	13572	262878		18545
1994	674539	627311	47228	14141	334765		125491
1995	763589	696893	66696	18225	451348		245310
1996	528720	459819	68901	20079	551027		-146882
1997	580119	466933	113186	24561	604035		86487
1998	595015	478847	116168	28546	799619		-20665
1999	648562	508993	139569	40909	827609		27295
2000	682724	490948	191776	75280	762842		67579
2001	751101	457104	293997	65380	733891		88826
2002	765015	400004	365011	124900	861152	786082	74391
2003	879565	361880	517685	161838	866215	793683	78199
2004	1030142	320823	709319	197235	1000895	696637	226448
2005	1253271	364282	888989	310586	1255836	852462	311638
2006	2080206	614459	1465747	350529	1334933	950008	418642
2007	2795428	678556	2116872	556042	1612408	1160579	712048
2008	3494627	744140	2750487	881951	1886592	1326788	915386

资料来源：《新疆生产建设兵团统计年鉴 2009》。

二、实证分析

表 4－10　兵团工业增加值与其影响因素相关分析

	Fgygdp	Zchjzh	Wmjchk
ΔGygdp	0. 921201	0. 915573	0. 457295

表 4－11

Dependent Variable：ΔGygdp

Method：Least Squares

Sample：1990 2008

SIncluded observations：19

Variable	Coefficient	Std. Error	T－Statistic	Prob.
C	159897. 7	58335. 34	2. 741009	0. 0152
Fgygdp	0. 371006	0. 200728	2. 848301	0. 0844
Zchjzh	0. 296562	0. 652673	－2. 441906	0. 6561
Wmjchk	－0. 268810	0. 110082	0. 454380	0. 0275
R－squared	0. 892244	Mean dependent var	191089. 6	
Adjusted R－squared	0. 870693	S. D. dependent var	257253. 8	
S. E. of regression	92506. 69	Akaike info criterion	25. 89261	
Sum squared resid	1. 28E＋11	Schwarz criterion	26. 09144	
Log likelihood	－241. 9798	F－statistic	41. 40114	
Durbin－Watson stat	2. 764662	Prob （F－statistic）	0. 000000	

运用软件回归得到估计方程为：

$$\Delta Gygdp = \underset{(2.741009)}{159897.7014} + \underset{(2.8483010)}{0.3710058378} \times Fgygdp + \underset{(2.441906)}{0.2965615099} \times Zchjzh - \underset{(0.454380)}{0.2688103287} \times Wmjchk$$

括号内的数字为 t 值，可决系数为：

$R^2 = 0.892244$　D. W = 2. 764662　F = 41. 40114

结果分析：

模型的拟合情况一般，校正决定系数为0.870693，证明此模型的拟合程度较好，D.W值为1.28，F=431.5975。经t检验，$t_{0.025}=2.131$，三个自变量中有两个变量Fgygdp和Zchjzh均通过t检验，说明只有对外开放对兵团工业增加值最不显著，体制因素与投资因素影响显著性高。F值远远大于查表所得的临界值3.41，因此方程的显著性较强，模型的线性关系显著。通过解释变量和被解释变量之间的相关分析可知相关系数均接近1，证明自变量对因变量有较强的相关性，有较强的解释能力。

从协相关系数来看，工业增加值与非国有工业GDP的协相关系数较高，其次是固定资产净值，而工业增加值与工业外贸进出口总值的相关性较低，说明在三个因素中，体制因素影响占首位，投资因素其次。从改革前后的制度状况来判断，兵团企业在自主权扩大面向市场组织生产，企业管理制度改革等方面都取得了不同的进展，企业制度得到了优化。但是与国内外的企业相比，兵团的管理体制改革仍然很滞后。随着当时传统计划经济体制向市场经济体制过渡，兵团自身的一套体制已经与这种要求产生了矛盾，兵团兼有政治、社会、军事和部分政府职能，长期以来形成了一种高度集中、行政命令的管理方式，这与市场经济中运用经济、法律手段调控经济的做法难以相容。兵团工业的改革大多集中在企业这一微观领域，而宏观管理体制改革滞后，兵团企业受到的行政干预较多，活力不足，随着今后市场竞争的日益激烈，企业发展日渐困难。

在对外贸易方面，兵团近几年大力实施“走出去”战略，扩大对外开放，一定程度上拉动了工业经济的增长，取得了一定的业绩。从表4－12可以看出，兵团1990年以来工业品出口量在不断增加，出口额逐年上升，尤其是在2000年以来，加速了对外贸易，使其工业品出口总额占工业增加值的比重由2000年之前不到10%上升到2006年的56.871%。由此可知兵团打破了传统计划经济体制下形成的一种封闭型的内部经济模式，积极发展与新疆各级地方以及外省区的经济联系，兵团工业经济逐步融入到了市场经济当中。

但是，从上面的模型中可以看出外贸进出口相对前两个因素来说影响较小，这也说明兵团的对外开放力度还不够，对外开放思想还不够解放，步子不大，对外贸易和利用外资的数量很小，对外开放程度很低，延缓了兵团对外开放的步伐。

表 4-12　兵团工业品出口情况

年份	工业品出口总额	增长速度	占工业增加值比重
1990	1121	0.16949	0.01936
1991	1311	1.11365	0.01871
1992	2771	0.60772	0.035
1993	4455	-0.0034	—
1994	4440	-0.0036	0.03538
1995	4424	-0.1184	0.03957
1996	3900	0.15	0.02642
1997	4485	0.51795	0.03163
1998	6808	1.11281	0.05011
1999	14384	1.29032	0.08295
2000	32944	-0.3469	0.16906
2001	21516	0.61698	0.09923
2002	34791	0.94274	0.14778
2003	67590	0.05752	0.2615
2004	71478	1.46698	0.23972
2005	176335	0.52598	0.48307
2006	269084	0.16949	0.56871

注：1980~2003 年数据为独立核算工业区企业数据，2004~2006 年数据为规模以上工业企业数据。

资料来源：根据历年《新疆生产建设兵团统计年鉴》整理。

三、结论

从以上的分析中我们可以得出这样的结论：

1. 体制的不断完善直接推动了经济增长

自改革开放以来，经济运行机制逐步由计划经济转向市场经济，推动兵团经济快速健康地向前发展。但总的看来，整个社会体制还带有很浓的计划经济色彩，市场经济还不够充分、不够完善，还不能完全适应市场经济发展和社会全面进步的要求，如资源要素市场、资本金融市场等，都还需要进一步发展到位，一些深层次、根本性的问题和矛盾还没有完全得到妥善的解决。这在很大程度上制约了兵团技术、资本、人力发挥其应有的效用。

2. 投资是推动兵团工业发展的主要动力

投资对工业增长的影响作用，主要表现在投资对工业增长具有强有力的推动作用。投资乘数理论表明，对工业投资的增加可以引致兵团工业增加值的成倍增加。工业投资对工业增长不仅具有直接拉动作用，而且扩大投资会拉动对原材料、生产设备等其他工业产品的需求，从而拉动与投资活动相关工业行业的产出和消费需求的增长。投资有助于促进产业结构优化和升级，投资结构调整是产业结构优化和升级的先导和杠杆。兵团工业投资对于工业增长也具有强相关性，其弹性为11.6%，说明兵团工业投资每增加1个百分点，兵团当年的工业产值就会增长0.116个百分点。因此，加大招商引资力度和拓宽招商渠道，吸引多种所有制资本投资开发兵团优势农业资源、矿产资源是推动兵团工业较快发展的主要动力。

3. 出口是拉动兵团工业增长的重要动力

出口是将一个国家或地区在资源、技术、区位方面比较优势转化为市场价值的重要途径，也是扩大本地区消费市场的重要手段。出口的增加可以为本地区创造更多的就业机会，拉动产品（主要是工业品）的研发、生产和技术创新，从而拉动区域的经济增长和地区工业的发展。扩大兵团工业品出口有利于发挥兵团某些行业在资源、区位、技术等方面的比较优势，扩大工业品消费市场，提高外向型企业的经济实力和技术创新能力。兵团工业品出口额与工业增长具有较强相关性，其弹性是10.7%，说明兵团工业品出口每增加1个百分点，工业增加值就增长近0.11个百分点。因此，出口额的不断增加是拉动兵团经济增长的重要力量。

因此要继续扩大对内外开放，加大招商引资力度。兵团的工业发展与全国和地方相比仍有一定差距，一个重要的原因就是对外开放程度不高，招商引资力度不够，没有形成全方位、多层次、宽领域的招商引资格局。可以说，兵团招商引资的成效在一定意义上决定着兵团新型工业化道路的起点，决定着兵团工业发展的成效。因此，兵团应千方百计地做好招商引资工作，通过引进资金项目与先进技术、现代管理和专业技术人才，使招商引资成为兵团工业结构战略性调整的重要途径和手段。

第五章　兵团新型工业化面临的主要问题与制约因素分析

第一节　兵团新型工业化面临的主要问题

兵团作为经济欠发达地区的一个特殊组织，加快推进新型工业化进程，实现跨越式发展，具有重大的经济和社会意义。对兵团来说，加快推进新型工业化是兵团经济社会发展的战略选择，是实现与全国同步进入全面建设小康社会奋斗目标的关键，是解决兵团就业和巩固边防的有效途径。加快推进新型工业化，就可能形成后发优势，实现兵团经济的超常规跨越式发展。

兵团工业走上快速发展之路的实践再次证明：工业兴则经济兴。兵团发展的希望在工业，兵团发展的出路仍然在工业，集中力量、全力以赴加快推进新型工业化进程，成为兵团上下的共识。但从兵团新型工业化发展整体状况及工业企业的竞争实力来看，还面临一些问题和制约因素。

一、结构轻型化，产业结构不合理，转换和适应市场的能力弱

兵团工业一直处于以轻工业为中心的结构状态，2006 年有所改变，2008 年兵团轻重工业之比为 49. 9∶50. 1，但兵团工业没有随全国同步进入重工业化阶段。

从工业加工度来看（该指标反映工业结构升级能力），加工工业产值所占比重很低，提高缓慢，无论是轻工业还是重工业，都存在缺乏深加工，产业链短，附加值低的问题。再从市场适应性来看，市场变化的一个突出表现就是不同行业增长比率的变化，如果工业中高增长行业的比重大，则说明工业对市场的适应能力强。而兵团2001～2008年工业年均增长40%以上的行业，包括有色金属采矿业、通信设备计算机及器材制造业，仅占兵团工业总产值的4.3%。市场前景好的高增长性行业发展不充分，产业对市场变化的适应性差。

长期以来，产业结构不合理是制约兵团经济实现跨越式发展的主要症结。兵团经济一直是靠农业发展支撑和推动的，这种局面至今没有得到根本的改变。这种经济形态就是学者时常提及的“绿洲经济”，这是兵团经济的优势所在，但造成兵团产业结构不合理，一直以第一产业为主，第二产业比重较低，工业化水平不高，缺乏应有的竞争力，抵御市场风险能力不强；第三产业发展滞后，特别是新型服务业发展迟缓。2001～2008年，全国三次产业产值构成从14.4∶45.1∶40.5，调整到11.3∶48.6∶40.1，自治区也从19.3∶38.5∶42.2，调整到16.4∶49.7∶33.9，第一产业比重分别下降3.1和2.9个百分点，基本形成了以第一产业为基础，第二产业为主导，第三产业居重要位置的产业构成。兵团三次产业从33.1∶29.4∶37.5，调整到34.9∶31.7∶33.4，第一产业一直占较大比重，8年间还略有上升，兵团特殊的绿洲经济布局决定了缺少工业的发展，为此也使第三产业丧失了稳固的发展基础。兵团产业仍由第一、二、三型低层次产业构成。

二、持续发展动力不足，资本保值增值率下降

兵团工业近几年快速发展，主要得益于体制机制改革带来的活力和投资增长注入的动力。但整体来看，兵团工业投资来源渠道窄，融资难度大，基础设施建设和扩大生产投入不足。除有城市的4个师外，其他各师缺乏税收优惠自主权，设立工业园区和招商引资较为困难，应对宏观经济形势变化的措施受到局限。资源掌控权有限，争取矿产资源进展相对缓慢。经营管理、项目运作、市场营销人才和专业技术工人匮乏，引进人才与留住人才两难问题比较突出。现代企业制度建立不够完善，法人治理结构不够规范，企业经营自主权落实不够到位，投资主

体地位不够明确等一系列问题的存在，制约了兵团工业经济进一步持续发展的动力和活力。随着改革的继续深入和投资的大幅增长，工业内在素质如得不到根本性改善和提高，根据边际效应递减原理，依靠外在力量推动性增长的作用必然减弱，从反映工业未来发展能力的基础性指标即资本保值增值率来看，已经开始显现，如2008年规模以上工业资本保值增值率124.3%，较上年下降24.4个百分点。

三、负债高，增速快，流动资金趋紧

2008年，规模以上工业企业负债总额421.46亿元，较上年增长35.8%，资产负债率达65.6%，较上年提高2.0个百分点，超过60%警戒线5.6个百分点。长期负债占40.1%，提高10.2个百分点。负债占所有者权益190.9%，与一般公认略小于100%相差较远。规模以上工业覆盖的27个行业大类中，资产负债率在50%～60%适宜区间的仅有3个行业，11个行业在70%以上。工业企业长期偿债能力较差，增加了企业的经营风险，降低了自身的银行信用。资金不足，周转困难，是兵团工业经济一直以来面临的突出问题。2008年，规模以上工业两项资金占用额达139.57亿元，增长29.0%，其中应收账款净额49.03亿元、存货90.54亿元，分别增长23.4%、32.2%，占流动资产的17.9%和33.0%。全年流动资产周转率1.11次，减少0.11次。资金的大量占用，降低了资金使用效率，制约了企业扩大经营再生产和应对市场变化的能力。

四、亏损企业亏损额相对较大，整体盈利能力受到制约

2008年，规模以上工业亏损企业共亏损3.39亿元，占利润总额的15.4%。化学纤维制造、纺织、燃气生产及供应、交通运输设备制造4个行业整体亏损，合计亏损3964.1万元。部分行业虽然盈利，但行业内部亏损企业亏损较大，其中饮料制造业、农副食品加工业、食品制造业、电力热力的生产供应业和塑料制品业亏损企业分别亏损8010.4万元、3753.1万元、3467.6万元、1693.1万元、983.9万元，分别占行业利润的44.5%、30.8%、13.8%、10.5%、16.8%。水的生产及供应、医药制造、电器机械及器材制造和非金属矿采选4个行业的亏损

企业亏损额虽然不大，但占行业利润比重较大，分别达到 232.3%、183.3%、129.0% 和 46.2%。因亏损企业亏损额较大，导致利润增幅下降 21.5 个百分点，总资产贡献率下降 0.6 个百分点、成本费用利润率下降 1.2 个百分点，综合效益指数下降 2.6 个百分点，制约了工业经济整体盈利水平的进一步提高。

五、垦区产业布局未能发挥比较优势，经济增长基础不稳固

适应垦区资源优势的产业在各垦区产值中所占比重普遍较低，生产力在行业中分布不均衡，资源利用率低，资源优势没有得到充分发挥。垦区间缺乏合理的工业产业分工格局，没有形成递进产业互补性关系，没有形成优势互补、相互促进、相互配合的协同发展局面。

依赖少数行业、师（市）、企业支撑的工业经济格局，容易受到个别行业、师（市）、企业生产经营波动的影响。从产业结构看，资源依赖性较强的行业，主要集中在化学原料及化学制品制造业、电力热力的生产供应业、非金属矿物制品业、食品制造业、饮料制造业、纺织业、农副食品加工业、煤炭开采和洗选业，新兴产业和科技含量高的企业较少，产业间关联度不高，产业链较短，产品层次整体较低，原料性产品较多；从区域布局看，各师（市）经济发展不平衡，八师、六师、一师、四师经济实力较强，工业总产值分别占到兵团的 36.9%、10.7%、9.8%、7.4%，十四师、建工师仅为 0.1% 和 0.6%，九师、十师和三师不足 2%。从企业规模看，大型企业较少，只有 5 家，仅占规模以上工业企业个数的 2.0%，实现产值占到规模以上工业企业的 19.1%，其中天辰化工有限公司一家企业实现产值占规模以上工业企业近一成，占大型企业五成多。

第二节　兵团新型工业化进程面临的制约因素分析

人类的生产活动和社会生活已经开始进入了信息化、自动化和智能化的时

代，尤其是在经济全球化进一步发展的形势下，国际上各类商品相对趋于饱和，市场竞争更加激烈。国内经济已进入新一轮的经济健康协调较快发展的经济增长周期，因此，工业基础薄弱、投资不足、人口素质低下、产业结构不合理以及制度不完善都成为制约兵团工业化的瓶颈。

一、兵团新型工业化进程制约因素指标选择

为了分析影响新型工业化进程即工业增加值增长的因素，依据工业经济增长的相关理论，我们假定兵团工业经济增长的影响因素有投资、消费、出口、劳动力的数量和质量，分别以兵团工业投资额、新疆人均消费额（除去政府消费部分）、工业品出口总额、年末工业企业从业人员数（L）和每万人拥有的科技人员数（A）来表示，详细数据见表 5 – 1。

表 5 – 1

年份	工业生产总值（万元）	工业投入额（万元）	新疆人均消费（元）	工业品进出口总额（万美元）	就业人数（人）	万人拥有科技人数（人）
1990	115096	40306	932	1121	203664	1232
1991	137511	42306	1094	1311	2115405	1310
1992	147869	37060	1177	2771	212136	1387
1993	165094	67890	1424	4455	217528	1324
1994	210214	88065	1721	4440	222739	1357
1995	238917	147623	1880	4424	211755	1389
1996	224232	126123	2308	3900	2113911	1508
1997	250178	84622	2495	4485	191982	1508
1998	255453	74607	2576	6808	166279	1750
1999	276417	97302	2517	14384	129474	1834
2000	321603	164743	2650	32944	118689	582
2001	364601	148976	2884	21516	93819	1871
2002	398492	254038	3153	34791	96015	1756
2003	409605	303577	3150	67590	9204	1810
2004	455845	350465	3467	71478	81491	1863
2005	564964	388467	3802	176335	77689	1875
2006	693498	480688	4135	269084	69089	1925

资料来源：根据历年《新疆生产建设兵团统计年鉴》整理计算。

二、兵团新型工业化进程影响因素的实证分析

1. 影响兵团工业增长的定量因素分析

运用卢卡斯的内生经济理论构建兵团工业增加值影响因素的内生增长模型，运用Stata软件对兵团工业投资额（I）、新疆人均消费额（C）、工业品出口总额（E）、工业就业人数（L）和万人拥有科技人员数（A）对兵团工业增加值增长关系进行分析。由分析的结果进行分析可知：消费、投资和出口3个变量的t统计量值的显著性分别为0.000、0.089和0.039，分别在0.05和0.10的水平下可以通过检验，可以判断兵团工业增加值与兵团工业投资额、新疆人均消费额具有强相关关系。而与工业就业人员的数量和每万人拥有的科技人员数的t检验值的显著性不强，这两者对兵团工业增加值的增长具有弱相关关系，但每万人拥有的科技人员数所代表的工业劳动力的质量要比工业就业人数的数量对工业增加值的贡献强。兵团工业增加值与兵团工业投资额、新疆人均消费额之间的关系为：

$$Y = 0.116I + 0.473C + 0.107E$$

相关分析结果表明：消费水平、工业投资力度和工业品出口与工业增加值具有强相关关系是推动兵团国民经济增长的重要因素，而劳动力与工业增加值相关性不强。

（1）消费是拉动兵团经济发展的重要因素。消费是社会经济生活及生产关系的四环节之一，是与生产、分配、交换相关联的经济环节，也是社会生产的最终目的，消费与生产相互作用、相互影响。经济增长是消费增长及消费结构变化的物质基础，消费不是被动地决定于经济增长，它对经济增长也有能动的促进作用。新疆人均消费水平对兵团工业的增长具有很强的相关性，其弹性是47.3%，说明新疆人均消费每增加1个百分点，兵团的工业产值就会增长0.47个百分点。因此，提高新疆人均消费水平，扩大兵团产品的内地消费市场，可以较快地拉动兵团工业的增长。

（2）投资是推动兵团工业化进程的主要动力。投资对工业增长的影响作用，主要表现在投资对工业增长具有强有力的推动作用。投资乘数理论表明，对工业投资的增加可以引致兵团工业增加值的成倍增加。工业投资对工业增长不仅具有

直接拉动作用，而且扩大投资会拉动对原材料、生产设备等其他工业产品的需求，从而拉动与投资活动相关工业行业的产出和消费需求的增长。投资有助于促进产业结构优化和升级，投资结构调整是产业结构优化和升级的先导和杠杆。兵团工业投资对于工业增长也具有强相关性，其弹性为11.6%，说明兵团工业投资每增加1个百分点，兵团当年的工业产值就会增长0.116个百分点。因此，加大招商引资力度和拓宽招商渠道，吸引多种所有制资本投资，开发兵团优势农业和矿产资源是推动兵团工业较快发展的主要动力。

（3）出口是拉动兵团工业增长的重要动力。出口是将一个国家或地区在资源、技术和区位方面的比较优势转化为市场价值的重要途径，也是扩大本地区消费市场的重要手段。出口的增加可以为本地区创造更多的就业机会，拉动产品（主要是工业品）的研发、生产和技术创新，从而拉动区域的经济增长和地区工业的发展。扩大兵团工业品出口有利于发挥兵团某些行业在资源、区位和技术等方面的比较优势，扩大工业品消费市场，提高外向型企业的经济实力和技术创新能力。兵团工业品出口额与工业增长具有较强相关性，其弹性是10.7%，说明兵团工业品出口每增加1个百分点，工业增加值就增长近0.11个百分点。因此，出口额的不断增加是拉动兵团经济增长的重要力量。

（4）人才质量比人才数量对工业化进程的影响更为重要。从兵团工业化进程人才需求看，劳动力数量与兵团工业产值呈负相关关系，而与每万人中的科技人员数呈正相关关系，兵团工业化进程中人口素质比人才数量更为重要。一直以来，人才缺乏是制约西部地区经济发展的重要因素，兵团科技人才尤其是工业技术人才、产品研发人才、技术推广人才和管理人才较为缺乏，成为制约兵团工业可持续发展的瓶颈。因此，应当加大专业技术人才的引进和培训力度，提高兵团工业从业人员的人力资本存量。例如天山北坡经济带拥有较多的高素质人才，相应区域人口的思想、意识、观念更加开放一些，他们更易于接受新鲜事物，这就为天山北坡经济带的经济发展提供了一种无形的推动力。而相对缺乏人才的边境经济带，长期以来，区域封闭，人的思想守旧，观念落后、自立意识弱，难以调动人们的积极性和主动性，“等、靠、要”的观念油然而生，在思想观念差异的作用下，区域差异逐渐拉大，日益明显。经济发展水平相对较高的天山北坡经济带对人才的吸引力逐渐增强，工业经济发展得更快，而南疆经济带和边境经济带要留住人才，则存在很大的困难，于是就出现“孔雀东南飞”、“南鸟北飞”的现象。

2. 影响兵团工业增长的定性因素分析

（1）基础条件的制约：工业基础薄弱，工业对兵团 GDP 的贡献相对不高，2008 年兵团实现 GDP 总值为 523. 3 亿元，完成工业总产值 380. 25 亿元，2008 年兵团工业增加值为 120. 15 亿元，全国工业增加值为 129112 亿元，占全国工业增加值不到 1%。“十五”期间，在整个经济的高速增长过程中，第一产业对兵团经济增长的贡献份额和拉动 GDP 的百分点较大，但波动性也大，2006 年出现了明显下降的趋势；第三产业的贡献稳中有降，但始终占据着重要地位；第二产业对兵团经济增长的贡献份额和拉动 GDP 的百分点虽然较平稳，从 2006 年开始第二产业对经济增长的贡献份额有较大幅度的增加，但兵团工业对 GDP 的贡献份额相对全国工业对 GDP 的贡献份额小得多（见图 5－1、图 5－2）。

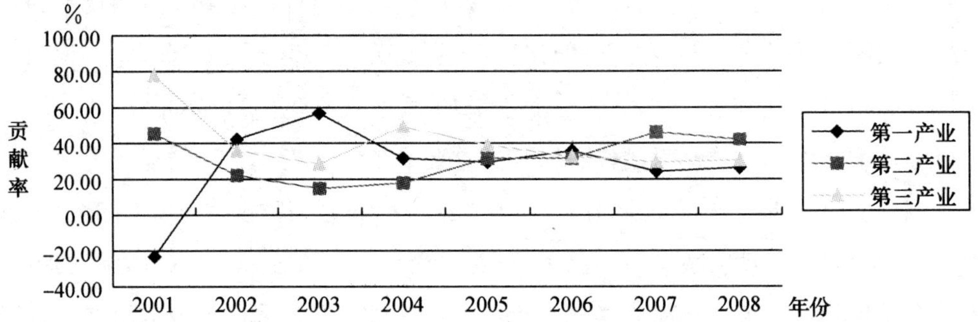

图 5－1　三产业对 GDP 的贡献份额

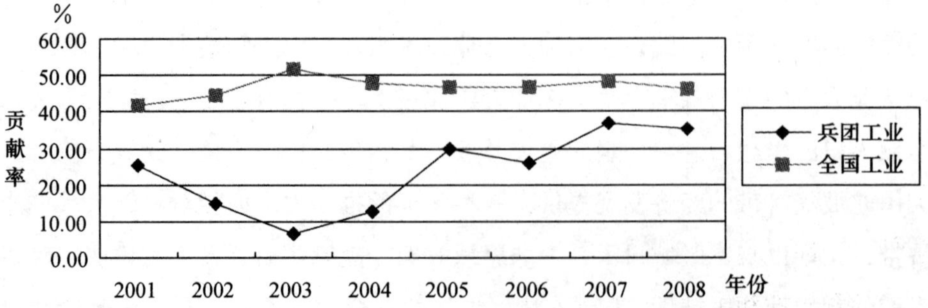

图 5－2　工业对 GDP 的贡献份额

重工业偏重，轻工业偏轻，轻重工业发展相互脱节。2008 年兵团轻重工业比例为 49.9∶50.1，但兵团工业没有随全国同步进入重工业化阶段。兵团轻重工业结构决定了兵团主要产业和产品多数属于基础性的上游产品，产业链条短，加工程度低，满足最终市场需求能力低，难以解决农村的工业化问题。2008 年兵团农产品加工业产值占兵团工业产值的 40.7%，兵团以农产品为原料的加工业实现的产值与农业总产值的比率仅为 0.4∶1，所以兵团轻工业发展主要依托农业资源的转移。因此，以兵团的采掘、原材料工业为主导的重工业结构，并没有发挥出相应的地区连带效应，轻重工业发展基本脱离。2008 年，兵团第一、二、三次产业就业比重分别为 47.0∶18.5∶34.5，全国三次产业就业结构为 39.6∶27.2∶33.2，兵团第二产业就业比重比全国低 8.7 个百分点。

（2）生产力布局的制约：工业结构趋同。根据生产力布局理论，工业企业适度的规模，合理的集聚，能使企业最大限度地发挥劳动生产率，节约成本，共享资源，使企业达到规模经济和集聚经济。而如果企业规模过大或过小，以及过分地集聚，不合理地集聚，低水平、低技术的重复建设，即企业的规模不经济和集聚不经济，就会使企业不利于进入市场，无创新能力，无示范效应，经济效益下降。兵团以农八师为中心的各师之间的产业结构，尤其是加工工业结构趋同现象非常严重，导致行业低水平重复建设严重。兵团各垦区工业产业结构相似性较强，没有形成各具特色的行业布局，食品、建材和纺织等重点行业普遍存在投资分散、规模较小、产业竞争力弱的现象。兵团 14 个师的建材水泥制品产业趋同率为 100%，农副产品加工产业趋同率为 92.9%，以塑料薄膜为主的塑料制品产业趋同率为 92.9%，食品制造产业趋同率为 85.7%，以酒类为主饮料制造产业趋同率为 78.57%，以生产低支纱和坯布为主的纺织产业趋同率达 64.29%，造纸及纸制品产业趋同率为 50%。2008 年兵团中、小型工业企业 1351 个，占整个工业企业的 99.6%，而工业产值只占总产值的 85.3%。

（3）技术水平的制约：技术开发和转化能力不足。兵团工业企业技术老化，技术开发和科技转化能力不足，创新能力差。虽然“科学技术是第一生产力”，但在兵团除了一些大城市外，绝大部分地区的工业生产技术要比我国东部以及西部发达地区落后 30 年以上，比主要发达国家落后 50 年以上，企业的技术落后，产品附加值低，生产要素难以自由流动，平均利润规律在企业经济运行中没发挥主要作用，致使企业科技创新和科技进步相当缓慢，其技术进步贡献率比目前主要发达国家要低一半多。兵团的纺织业在20世纪八九十年代发展迅猛，但随着科技的不断进步，国内外纺织品的换代速度加快，纳米技术、高科技纤维等被广泛应用，而兵团纺织行业内的一批龙头企业却由于研发能力弱，导致技术落后，无法与内地企业竞争，在市场中只能被淘汰。兵团工业企业的技术开发能力和科技转化能力更是明显不足，工业产品更新慢，管理费用支出大，产品成本增加，从而影响工业劳动生产率的持续上升。科学技术的制约成了兵团新型工业化道路上的主要阻碍。

总之，在影响兵团工业化进程的因素中，消费除了受消费水平影响外，还受消费习惯、社会保障水平、消费预期等因素的影响，出口受国际关系、政治稳定、制度等因素影响，这些都是在短期内无法实现较大改变和无法控制的，而工业投资效率和结构是可以通过产业政策调整、招商优惠措施的改进和投资环境的改善而改变的。

三、加快推进兵团新型工业化发展的对策

1. 坚持走结构优化升级道路

兵团工业结构调整主要从产业结构、产品结构、所有制结构、组织结构四方面着手。一要利用新设备、新技术、新工艺改造提升兵团传统制造业，使兵团工业成为拉动兵团经济发展的主力；二要实施名牌战略，优化产品结构，提高兵团产品质量和服务质量，使兵团产品质量、效益和加工培植能力明显提高；三要调整兵团工业的所有制结构，加快国有企业股份制改造，实现多元投资混合型经济，增强兵团工业的竞争能力；四要抓大放小，调整工业组织结构，制定扶优扶强政策，重点扶持四市、两区建设好工业园，扶持上市企业做强做大，实现兵团工业规模效应。

2. 因地制宜发展高新技术产业

2008年兵团高技术产业完成总产值5.56亿元，同比增长26.4%，其中新产品产值1.87亿元，同比增长20.9%。完成国家高技术产业化项目2项，储备自

主创新和高技术产业化项目16项。培育自主创新骨干企业取得积极进展，大型企业在增强其原始创新和集成创新能力，充分发挥在兵团产业自主创新中的领军作用和辐射作用，引领产业结构的调整，带动产业链和产业集群的共同发展，为兵团产业在国际国内竞争和分工中争得了有力的地位，兵团的企业技术中心创新能力不断提高。目前，兵团拥有重点实验室8个，国家重点实验室4个，国家级工程技术研究中心1个，兵团级工程技术研究中心1个，拥有企业技术中心26家。兵团以加速科技成果转化和高新技术产业化为重点，依靠科技进步，强化技术创新能力，进一步推进技术进步和信息化进程，高新技术产业发展迈上新的台阶，对提高兵团经济发展水平起到了重要的支撑作用。滴灌专用肥和节水灌溉首部自动化控制器研制成功；智能化信息技术开始应用于滴灌条件下大田作物的生产管理；优质牛羊胚胎、离子膜烧碱、高抗冲聚氯乙烯树脂、阿胶强骨口服液等产业化生产能力进一步扩大；农业机械研究中心建设、大型农机具产业化生产线的建设，为兵团农业机械制造业的自主创新发展搭建了基础设施平台。

3. 优化工业发展布局

遵循市场导向、产业集聚、突出特色、交通便利和可持续发展的原则，兵团工业发展布局的重点是城市、城区、中心团场城镇和资源富集区。按照“两线四片”的思路，调整优化兵团工业生产力布局，有利于更好地突出特色、发挥优势和提高集中度，充分体现了突出重点、重点突破、扶优扶强、梯次推进的思路。兵团各师、各团场经济基础不同、资源禀赋不同、发展条件不同，在推进工业化进程中，必须尊重经济规律和自然规律，从各自实际出发，研究自身比较优势，坚持有所为有所不为，开发特色资源，形成特色产业，造就特色优势，走出符合兵团实际的新型工业化路子。

工业向园区集中已经成为工业发展的一大趋势。发展园区有利于集聚产业、形成特色，有利于发展专业化分工协作、形成产业集群，有利于降低成本、集约发展，更有利于发展兵地融合经济、享受税收方面的优惠政策。各师要把发展特色工业园区作为推进新型工业化的主战场，抓好一批各具特色的工业园区，构筑工业发展平台，引导工业企业向园区集聚，培育工业经济新的增长点。

4. 发展壮大重点产业，加大产业整合力度

发展壮大重点产业，形成兵团的支柱产业，是兵团推进新型工业化的重要路径之一。兵团党委《决定》提出，要着力构建农产品加工和优势矿产资源转换两大基地，集中力量打造食品及医药工业、纺织工业、农用装备制造业、石油化工及矿业、建材工业和能源工业六大支柱产业，实现农产品加工业水平的整体提升和重化工业的历史性突破。

产业整合是指为了谋求长远的竞争优势，按产业发展规律，以企业为整合对象，跨空间、地域、行业和所有制结构来重新配置生产要素，调整和构筑新的资本组织，从而形成以大企业和企业集团为核心的优势主导产业和相应产业结构的过程。兵团产业整合着力于培育兵团六大支柱产业的龙头企业、优势企业、核心企业。比如南疆的青松建化集团，北疆的南岗建材集团，分别在南、北疆对建材行业实施整合与扩张，从对青松、南岗两个建材企业的调查分析看，近两年，这两个企业不仅是规模扩大了，而且产品技术含量、市场占有率、市场竞争力同时提高，较好地发挥了辐射、带动作用。新天国际整合了兵团的葡萄酒业，伊力特整合了兵团的部分制糖业，新中基整合了兵团大部分番茄产业。新农开发通过收购兵团农一师部分企业对其进行改组改制，逐步向农产品深加工方向转变，拓宽了发展空间。伊力特则以农四师作为整合平台，理顺了建材、矿业、糖业、酒业等诸多产业。新赛股份除棉花主业外，公司已分别在农五师、农三师、农四师建立了油脂加工厂，新赛股份依托兵团优势发展油脂产业已初具规模。作为一个个体，要整合一个产业不但要付出巨大的人力物力，而且还要顶着巨大的风险。但是兵团利用特殊的体制，却做到了产业整合和资源整合，打造出了一个个行业龙头。

加大产业整合力度，着力培育优势企业和知名品牌，是兵团迅速提升工业规模效益和整体竞争力的重大举措，要以产权为纽带，推进同行业企业间的兼并联合，实现大企业的迅速扩张，打造行业“航空母舰”。要围绕主导产业，沿产业链整合上下游企业，提高运行效率，减少交易成本，增强市场竞争能力。

第六章　兵地和谐视角下兵团新型工业化保障机制

在推行新型工业化进程中，只有建立了兵地和谐关系，兵团新型工业化才能有一个良好的社会环境，同时还要构建兵地一盘棋的统一宏观调控机制，建立兵地平等互利的利益联结机制，构建兵地一家的人才互动机制，即构建兵地和谐理念下推进兵团新型工业化进程的保障机制，才能有效地利用各种资源。

第一节　深化兵团管理体制改革和管理模式创新

深化兵团管理体制改革和管理模式创新，要以改革促发展为指导思想，抓住新疆与兵团发展的历史机遇，对兵团经济体制在改革和创新上实现新突破。

（1）以解放思想为先导，切实转变观念。以中央关于兵团工作的指示精神作为改革的行动指南，从传统的思维定式和否定式的思维定式中解放出来，以发展的眼光看待改革进程中的问题与不足，以系统论的观点来确定深化改革的思路和方式，创新体制和机制，克服改革发展中各种阻滞因素，用市场经济的办法和改革创新的手段去解决经济改革发展中的问题，在已有思想理论成果的基础上进一步解放思想和推动改革的深入进行。

（2）以建立完善兵团新经济体制的基本框架为重点，全面改革兵团的经济管理体制。处理好特殊管理体制与市场机制关系是处理好“屯垦与戍边”、“兵团与地方”关系的前提和基础。其中前一个关系的处理靠的是智慧、是创新、是克服体制障碍的硬约束。后一个关系的处理主要靠领导的主观把握，相对来说是靠道德的软约束。所以说处理好“特殊体制与市场机制”关系，是从根本上解决好增强兵团经济发展动力和兵团经济发展活力问题的关键。因此，兵团的发展必须首先从体制上进行突破，通过完善兵团经济体制，为兵团经济实现跨越式发展提供制度保障和支撑。

新时期完善兵团体制机制的基本构想：实现兵团党政军企合一的特殊体制与社会主义市场经济体制相结合，创新兵团屯垦戍边实现形式。在发挥兵团稳定边疆的国防安全作用的基础上，积极转变兵团行政管理方式，合理界定兵团的事权、财权和产权，取得必要的中央财政转移支付，实现公共服务均等化。推动兵团经济管理体制转型，由行政主导型经济向市场主导型经济转变。完善区域经济发展改革机制，规范培育兵团城镇体系，创新投资体制和国有资产监管体制。在进一步开放中，建立统筹兵团和地方经济一体化发展机制。大力发展多种所有制经济，完善国有及国有控股企业产权和组织形式，提高企业核心竞争力。在进一步改革与发展中，增加职工收入，增强边疆的稳定和经济的繁荣。

建立完善兵团新经济体制的基本框架。兵团新经济体制基本框架是一个动态概念，是推动兵团经济及社会发展的相互联系、相互制约又相互促进的有机运行体系。必须统筹安排、全面部署、整体推进。建立整体的“统”管各职能及各师的“分”管相结合的“党政军企”合一的特殊组织管理体制。

在行政管理方式上，兵师行政管理从“全能无限”职能转向服务有限职能。合理界定“集权”与“分权”的范围和协调机制，完善以间接手段为主的经济调控体系和服务体系，扮演好“保安员、指导员、裁判员、监管员、服务员”的角色，着力做好政治社会公共服务和经济性公共服务。着重放权、还权，把本应市场调节的、企业该做的还原给市场和企业，实现行政管理的“有进有退”。完善国有资产出资人制度，以产权管理为重点，市场机制为手段组织实施经济活动。发挥行政在推进社会公共事业发展中的作用，忠实履行社会管理职责。

在产业发展上，加快兵、师行政职能向建设服务型管理机构转变，实现向公共服务型政府（行政）转型。处理好政府（行政）与市场的关系，使政府（行政）和市场能够有效克服自身的缺陷，发挥“看得见的手”和“看不见的手”彼此不能或难以相互替代的功能，实现政府（行政）与市场功能的良性互动，为转变经济发展方式，大力推进产业结构调整，加快新型工业化进程，培育中心产业园区，创新招商引资机制搭建平台。

（3）以深化团场管理体制改革、深化国有资产管理体制改革、深化投融资体制改革的“三大改革”为动力，增强兵团经济发展的活力。中央要求兵团通过推进“三化”来实现跨越式发展是奋斗目标、是任务。但跨越式发展动力是什么，靠什么样的体制和机制来保障实现这一目标是问题的核心。因此，必须按照市场化要求，以明确兵团政企职能为前提，以深化团场管理体制改革、深化国有资产管理体制改革、深化投融资体制改革的“三大改革”为重点，加快推进兵团经济管理体制的整体改革，为兵团跨越式发展提供体制支撑和制度保障。

第二节 国家和自治区给予的政策倾斜

兵团的发展是在中央和新疆维吾尔自治区的大力支持下实现的，今后的发展仍然离不开中央和自治区的持续支持。鉴于兵团负有屯垦戍边历史使命的长期性、艰巨性以及兵团发展的需要，建议中央和自治区从理清财力与事权的关系入手，在权责利对等的原则上，进一步加大对兵团政策扶持和资金的支持力度。

一、进一步争取中央政策扶持和资金支持

有效的资金支持将极大地促进兵团新型工业化进程的速度和质量，有效克服影响工业化进程的不良因素。具体从以下措施入手：

（1）加大对兵团政策支持力度。短期内迅速提高兵团的经济实力，促进兵团经济结构的战略性调整。

（2）加大对兵团产业支持力度。批准新增设国家级的产业园区，吸引国内外大企业大集团到园区投资建厂。放宽能充分利用的当地自然资源，加快兵团发展的氯碱化工、煤化工等支柱行业的限制，适当降低节能减排考核标准，使资源优势转变成经济优势。

（3）加大中央财政转移支付力度。一是享有特殊税收返还政策。针对兵团的特殊体制，对兵团企业或者是由兵团的经济技术开发区、科技示范区、工业园区、生态保护区等转交到中央财政的增值税、消费税、关税等税费给予全额或部分返还兵团，免税或返还部分作为国家投资，支持兵团建设。二是扩大中央财政补助。每年由中央财政安排专项资金按照市场化的方式用于工业项目的资金补助，推动兵团新型工业化发展和产业升级。三是把兵团作为统一纳税人，整体向国家、自治区纳税的政策长期稳定；加大金融政策支持力度，建议采取以下支持措施：建立兵团产业发展基金、发行兵团发展债券和兵团发展特别国债等，用于支持兵团主导产业发展和自主创新的投入。

二、进一步争取自治区政策扶持和资金支持

兵团的发展需要自治区在政策上进一步给予大力支持，具体从以下措施入手：

（1）推进政策共享。兵团级工业园区享受与自治区级工业园区同等权限与政策。兵团企业享受与自治区企业同等的产业、税收、金融等政策。进一步落实工业企业以2005年为基数新增税收部分返还兵团的政策，并以地方性法规形式确定执行。

（2）推进资源共享。将兵团纳入自治区矿产资源开发总体规划，并划出一定区域、一定数量和一定品质的煤矿、有色金属等矿产资源和油气资源交与兵团开发或联合开发。同等条件下的联合开发，兵团企业享有优先参与权。

（3）推进互利共赢。积极参与自治区重大工程建设，并按照“谁投资、谁收益”原则，使兵团参建项目享受与投资对等的权益。

第三节 构建兵地一盘棋的统一宏观调控机制

尽管兵地之间仍然存在一些由于经济发展、社会管理、文化认同等各方面的摩擦、矛盾和冲突，但构建边疆和谐社会进程中，积极发展和谐兵地社会关系势在必行。尤其在市场经济的强劲动力驱使下，兵团与地方经济融合的发展格局正在形成，而以兵地经济关系这一决定性因素为主导，原有的兵地间发展良好的社会关系必将重新焕发活力。面临这一有利的发展机遇，只有使兵地社会在思想上都增强“边疆共守，资源共享，优势互补，共同繁荣”的思想意识，在处理兵地纠纷时以“顾全大局、尊重历史、互谅互让、协商解决”为准则，在实践经验上做到“经济互融、经验互学、干部互挂、文明共建”，才能使各方面都做到和谐统一，也才能在发展兵地和谐社会关系过程中，让这种和谐的凝聚力成为兵地社会焕发活力的原动力，最终实现兵地和谐、共建新疆。

因此，兵地和谐的宏观调控机制应该由政策主导型和谐向自觉融合发展变革。对当前发展和谐兵地社会关系中的思想上、心理上、社会管理上、干部交流和融合发展中的问题进行机制设计，对发展和谐兵地社会关系，构建和谐兵团对策进行分析。实现兵地融合型经济，实现边疆同守、资源共享、共同繁荣。

第四节 构建兵地平等互利的利益联结机制

大力促进兵地融合发展，走融合发展、和谐发展、共同发展之路，更好地发挥推动改革发展、促进社会进步作用。要进一步加强与地方在经济社会发展上统筹协作，着力构建政策共享、资源共享、优势互补、融合共赢的兵地经济格局。

由于兵地双方在共同的地域，拥有共同的资源和市场，具有共同的目标和任务，面对共同的发展机遇，处理兵地关系，应当在坚持“求同存异，优势互补”、“互惠互利，共同发展”、“市场机制，资源共享”、“高瞻远瞩，顾全大局”的原则下，做好平等互利的利益联结机制。为此，应当建立起兵团与地方对应的各级协调机构，把构建兵地关系制度化、长期化、法制化，加强领导层的交往与企业间经济合作。

第五节　构建兵地一家的人才互动机制

人才是经济社会发展与进步的主力军，切实做好人才工作，建设高素质的人才队伍，是推动兵团跨越式发展的重要保证。构建兵地一家的人才互动机制，应从以下方面入手：

一、高度重视人才工作，建设高素质人才队伍

胡锦涛总书记在2010年5月召开的全国人才工作会议讲话中指出：“加快建设人才强国，是推动经济社会又好又快发展、实现全面建设小康社会奋斗目标的重要保证，是确立我国人才竞争比较优势、增强国家核心竞争力的战略选择，是坚持以人为本、促进人的全面发展的重要途径，是提高党的执政能力、保持和发展党的先进性的重要支撑。”兵团各级党政把思想统一到中央的部署和要求上来，牢固树立人才资源是第一资源的观念，把人才工作摆在更加突出的位置。紧紧围绕新型工业化发展，做好兵团与地方的中长期人才发展规划。

坚持用事业聚才育才，使各类人才创业有机会、干事有舞台、发展有空间，激发各类人才创造活力。重点围绕用好用活人才、提高人才效能，完善人才工作管理体制，健全人才工作机制，从人才培养开发、评价发现、选拔任用、流动配置、激励保障等方面形成更加科学、更具活力的一整套机制，建设一支具有数量充足、结构优化、布局合理、素质优良的人才队伍，为加快推进新型工业化进程

提供人才保证和智力支持。

二、建立和完善人才选拔和激励机制

建立兵团与地方人才激励机制，营造有利于人才培养、引进和使用的政策环境。改革和完善国有企业经营管理人才的选拔方式，将党管干部和董事会依法选择经营者以及经营者依法行使用人权结合起来，探索国有企业选人和用人的新机制，推进企业经营者的市场化、职业化。建立对国有企业经营管理的激励和约束机制。企业家需要通过激励和约束机制来维持和强化，单纯靠感情、觉悟等非制度因素不可能长期留住企业家和真正建立企业家制度，企业家价值的自我实现，如果没有一个好的激励和约束机制也是不可能实现的。邓小平同志曾经讲过：不讲物质利益只讲觉悟，对少数人适应，对多数人不行；短时间可以，长期不行。要按照国家和兵团“1＋8”文件精神和规定，建立对企业家的激励和约束机制，通过持股和期权等方式，从精神和物质两个方面激励企业家经营管理好企业。

三、建立人才交流机制

人才交流包括“请进来”和“走出去”两方面的内容。在“请进来”方面，为有能之士搭建创业平台。通过项目建设、科技咨询和引进智力等方式，引进科研开发、经营管理、现代营销和重化工等重点行业急缺人才，将人才引进工作重点放在提高引进人才质量上。建立科学合理的人才评估体系，创造适合人才发展的环境，采用期权制和股权制，让各种生产要素参与分配，加大对做出突出贡献的科研人员和科技成果转化人员的奖励，充分调动各路人才的积极性、主动性和创造性。积极争取中央机关、国家大中型企业加大对兵团人才支持力度，充分利用对口支援省市的人才优势，增加专业技术援疆干部数量。在“走出去”方面，增加兵团赴国家机关、发达地区和中央企业挂职锻炼的干部数量，适当延长挂职时间。对于挂职干部，要建立有效制度保证其有实职、有实事，确保挂职效果。

四、加大人才教育培训力度

鼓励石河子大学、塔里木大学和对口支援省市的高校，根据兵团的实际，培养兵团和地方新型工业化所需的各类人才。引导和鼓励企业与兵团系统内外高等院校联合建立培训基地，鼓励社会力量投资开展人才培训工作。

第七章　研究结论与展望

第一节　研究结论

本课题在前人理论与实证研究的基础上，以整体分析法，在宏观层面上对兵团新型工业化进程进行了实证研究，考察了兵团传统管理体制和管理模式与市场经济体制不相适应之处，分析了兵团传统管理体制和管理模式中对推进兵团工业化进程的制约因素。在此基础上，重点研究了如何突破兵团传统管理体制和管理模式的桎梏，给兵团工业化进程一个公平竞争的待遇。综合各项研究发现，总结得出以下主要结论：

结论一：在宏观层面对兵团工业化进程进行研究，能够更为全面、准确地把握兵团工业化进程中的滞碍因素，及其保障措施的内在机制和规律性。

由于考察的是宏观层面的变量，为了使研究结果反映兵团工业化进程的特征，从国家、兵团统计年鉴采集二手数据、从兵团工业主管部门采集第一手数据，采用层次分析法、回归分析等计量方法进行分析，说明所调研数据与兵团工业化进程实际现象有高度一致的评价，证明所分析影响兵团工业化进程因素、保障机制对兵团工业经济发展有重要影响作用。

以开放系统视角，揭示出兵团工业发展的阻碍因素，提出保障措施机制，研究结果展现兵团工业化进程的客观规律，并为后续的跨层次研究提供方法论的借鉴。

结论二：从兵团近些年的工业经济发展来看，经过了所有制改革，兵团的所有制结构已从单一公有制的所有制结构转变为以公有制为主体、多种所有制经济共同发展的所有制结构；公有制经济与非公有制经济及其内部构成的比重均已发生变化，非国有经济的增长速度快于国有经济的增长速度，非公有制经济的增长速度快于公有制经济的增长速度。理论上讲，所有制改革和所有制结构的演变不仅影响经济增长的速度，而且影响经济运行的稳定性，乃至影响经济增长的质量。兵团非公有制经济的参与，资源从国有经济领域向非国有经济领域的流动，相应扩大了兵团的工业经济总量，带来了资源配置效率的提高，提高了工业经济的运行效率，推动了兵团工业经济增长。

结论三：工业企业中国有及国有控股企业比重大，回报率低。兵团规模以上工业企业中国有及国有控股企业占75%。国有及国有控股企业总资产贡献率和全员劳动生产率低于外商投资企业、股份合作企业和私营企业。

结论四：虽然兵团非国有工业较国有工业机制灵活，市场化程度较高，但其萌生、壮大的基本环境仍属初级市场经济，发育也很不完善。尤其是中小非国有企业的融资困难，造成其在产品研发与技术创新方面动力不足，对兵团工业经济的拉动力不够，贡献率不高。

总之，非国有经济的发展，一方面增加了市场供给，另一方面在于促进了市场竞争，推动了市场机制的发育和完善，促使包括国有经济在内的公有经济不断提高经济效率。因此，推动兵团工业化进程和促进工业的发展，应积极调整所有制结构，不断提高资源的配置效率。

第二节　本研究的意义

1. 理论意义

本研究具有的主要理论意义在于：深入理解兵团是一个特殊性社会组织的特

性。随着经济的发展和国际国内政治形势的变化，兵团的屯垦成边使命的内涵也在发生变化，但无论怎样变化，都必须同时将保卫边疆和经济建设两手抓。在确保新疆稳定的前提下，探索兵团的新型工业化道路成为目前兵团经济建设的重大课题；与此同时，可以丰富毛泽东屯垦思想和邓小平建设中国特色社会主义理论的内涵。具体体现在如下方面：

（1）和谐视角整合了地方工业化发展与兵团新型工业化进程的研究理论，拓展了新型工业化的研究视角。

（2）丰富了新型工业化的理论内涵。本研究依据和谐理念，以整体思想界定了兵团新型工业化内涵、障碍因素与保障机制，本研究的工作进一步拓展了有关理论观点，丰富了工业经济研究领域的相关理论。

（3）不仅证明和谐理念对提高兵团新型工业化进程的重要性，而且可能对地方工业化发展具有重要意义。因此，本研究具有一定的普遍性。

2. 实践意义

本研究的难点是兵地和谐理念下推进兵团新型工业化进程的保障机制的构建，这也是最重要的实践意义。兵团肩负的历史使命随着经济的发展和国际国内政治形势的变化，使兵团屯垦成边使命的内涵也在发生变化，但无论怎样变化，都必须同时将保卫边疆和经济建设两手抓。对前文所作的研究进行总结和进一步讨论，提出兵地和谐之推进兵团新型工业化进程的保障机制。

3. 研究局限性和展望

本研究在理论考量和研究方法方面还存在诸多不足之处，正确认知并关注这些不足之处将有助于我们明晰对未来的研究方向和应该考虑的问题。

（1）抽样范围与样本数量的限制。本研究是在一个相对同质的环境中进行，可能使测量数据范围相对狭窄，这在一定程度上削弱了理论的稳健性。因此，未来的研究应该包括更大范围和环境内数据，以获得更具普遍性的结论，而且能够在更大范围内获得足够的样本容量，提高理论的稳健性。

（2）测量手段可能存在不足之处。虽然本研究从多个来源采集数据，但定量数据分析有其局限性。因此，未来的研究应该通过时间序列数据和截面数据相结合进行定量研究，并结合深入访谈、观察等手段，将定性与定量的方法结合起来，以更合理的方式测量并获得更真实的数据和研究结论。

（3）本研究只是验证了有限的、对兵团新型工业化进程的不利影响因素，并没有关注到其他更有意义的因素的作用。实际上，对兵团工业化进程产生障碍的因素还可能包括地理环境、社会民族文化、相关产业发展，以及更具体的企业微观因素的作用。因此，今后也应在这些方面深化研究。

参考文献

［1］兵团党委党校第十五期进修一班课题组．对加快发展兵团六大支柱产业的研究［J］．兵团党校学报，2009，4.

［2］兵团统计局．2009 新疆生产建设兵团统计年鉴［M］．中国统计出版社，2009.

［3］兵团建设编辑部．兵团新型工业化提速［J］．兵团建设，2007，4.

［4］查秀民．建立健全利益协调机制构建社会主义和谐社会［J］．兵团党校学报，2006，2.

［5］储庆义，李悦，刘润石．中国经济金融热点问题聚焦［M］．中国经济出版社，2006.

［6］陈文科．人与自然和谐发展与湖北新型工业化［J］．江汉论坛，2006，6.

［7］陈一平．对推进兵团新型工业化发展问题的思考［J］．新疆农垦经济，2008，4.

［8］崔静，张建伦．兵团工业投资与经济增长的协整分析［J］．新疆农垦经济，2007，10.

［9］党玮．新疆兵团工业经济发展水平实证分析研究［J］．石河子大学学报，2007，4.

［10］戴永安．外商直接投资对吉林省工业经济增长作用的实证研究［J］．东北师范大学学报，2007，5.

[11] 方英楷．毛泽东屯垦思想研究资料选编 [M]．新疆科技出版社，1997.

[12] 高学民．新时期构建和谐民族关系的思考 [J]．实事求是，2007，6.

[13] 高志刚．产业结构与新疆区域经济发展 [J]．干旱区地理，2004，4.

[14] 高志刚．基于主成分分析的区域产业结构转换能力评价——以新疆为例 [J]．生产力研究，2003，1.

[15] 郭刚．论新疆生产建设兵团的历史地位和作用 [J]．石河子大学学报，2002，2.

[16] 郭克莎．所有制结构变动与工业增长质量 [J]．管理世界．1998 (1) 133 - 146.

[17] 过常徽，刘甄怀．金融体制改革对兵团经济发展的影响和对策 [J]．兵团党校论坛，1995，3.

[18] 郝晓辉．中国西部地区可持续发展研究 [M]．经济管理出版社．2000.

[19] 洪名勇．贵州工业所有制结构调整中资源配置效应研究 [J]．山地农业生物学报，2004，2.

[20] 胡桂莲．兵团工业经济效益滑坡的原因分析 [J]．新疆农垦经济，1994，1.

[21] 胡永远，刘智勇．不同类型人力资本对经济增长的影响分析 [J]．人口与经济，2004，2.

[22] 金荣学，解洪涛．中国城市化水平对省际经济增长差异的实证分析 [J]．管理世界，2010，2.

[23] 蒋艳．转型期我国工业所有制结构绩效分析 [J]．科技管理研究，2007，11.

[24] 姜文盈，刘成林．屯垦戍边 50 年 [C]．新疆大学出版社，2000.

[25] 刘晓钟．发展中国特色社会主义的基本要求科学发展和社会和谐 [J]．实事求是，2007，5.

[26] 刘新辉．公平正义——民主政治的新境界 [J]．新疆社科论坛，2008，1.

[27] 刘云芬. 兵团新型工业化发展现状及对策研究 [J]. 兵团党校学报, 2010, 3.

[28] 刘芳. 论企业融资方式的选择 [J]. 北方经济, 2008, 10.

[29] 刘月兰, 汪学华. 1954 ~2005 年新疆兵团人口发展特点及制约因素分析 [J]. 西北人口, 2008, 1.

[30] 刘以雷. 解放思想, 深化改革, 切实处理好新疆兵团特殊管理体制和市场机制的关系 [J]. http: //www. chinareform. org. cn/books/other/19/2/201109/ t20110908_ 121159. htm.

[31] 刘以雷. 新疆兵团经济改革与发展的思路和对策 [J]. http: //www. chinareform. org. cn/people/l/liuyilei/Article/201012/t20101209_ 54394. htm.

[32] 刘以雷. 新形势下新疆兵团经济改革发展大思路 [M]. 社会科学文献出版社, 2010.

[33] 梁积江. 试论民族地区区域经济一体化的条件与模式 [J]. 贵州大学学报, 2008, 3.

[34] 李豫新, 梅晓庆. 加快兵团新型工业化进程研究 [J]. 新疆农垦经济, 2011, 1.

[35] 李风东. 兵团推进新型工业化的现实困境与对策研究 [J]. 兵团党校学报, 2007, 1

[36] 李文惠. 兵团农牧团场走新型工业化道路的思考 [J]. 当代经济, 2009, 3.

[37] 李京文. 中国必须走集约型城市化的模式建设 [J]. 中华建设, 2010, 6.

[38] 李万茂. 关于投资对经济增长贡献的计算方法应用简析 [J]. 统计研究, 1999, 5.

[39] 李玮新, 田燕秋. 融资与兵团工业发展 [J]. 新疆农垦经济, 2002, 4.

[40] 李豫新, 殷朝华. 新疆生产建设兵团人力资源开发与就业的战略思考 [J]. 人口与经济, 2004, 4.

[41] 李颖. 安徽省居民消费、投资与经济增长关系的实证研究 [J]. 技术经济，2007，9.

[42] 牟本理. 巩固和发展社会主义民族关系构建社会主义和谐社会 [J]. 中央民族大学学报，2007，4.

[43] 倪志远. 人力资本投资与经济增长方式转变 [J]. 云南社会科学，1999，1.

[44] 彭清. 新疆构建和谐社会的和谐与非和谐因素 [J]. 兵团党校学报，2005，4.

[45] 彭银春. 兵团人力资本与新型工业化 [J]. 兵团党校学报，2007，4.

[46] 蒲佐毅，魏燕. 新疆兵团加快推进新型工业化的优势及制约因素分析 [J]. 山东纺织经济，2010，5.

[47] 强始学. 对兵团工业结构优化升级问题的研究 [J]. 中国农垦经济，2001，1.

[48] 任保平，洪银兴. 发展经济学的工业化理论述评 [J]. 学术月刊，2004，4.

[49] 孙卫青. 主体功能区建设下的兵团区域协调发展 [J]. 兵团党校学报，2007，6.

[50] 孙卫青. 兵团资源承载力研究 [J]. 新疆农垦经济，2007，7.

[51] 宋云风. 对加快兵团工业化发展的战略思考 [J]. 兵团党校学报，2010，2.

[52] 唐志君. 民族地区构建和谐社会的路径与选择 [J]. 新疆社科论坛，2006，5.

[53] 田燕秋. 兵团国有企业融资的现状及发展趋势 [J]. 新疆农垦经济，2002，6.

[54] 卫兴华，孙咏梅. 对我国经济增长方式转变的新思考 [J]. 经济理论与经济管理，2007，3.

[55] 武力，高伯文. 试论马克思主义工业化理论的实践与发展 [J]. 马克思主义研究，2003，4.

［56］王瀚林．毛泽东屯垦思想研究论文选［J］．新疆人民出版社，1998，12.

［57］王宇，焦建玲．人力资本与经济增长之间关系研究［J］．管理科学，2005，1.

［58］王国刚．城镇化：中国经济发展方式转变的重心所在［J］．经济研究，2010，12.

［59］王丽丽．对外贸易促进中国经济增长的影响机制研究［D］．山东大学硕士论文，2007.

［60］王利中，王莉敏．体制变革与兵团工业——改革开放二十年来兵团工业发展述评［J］．兵团教育学院学报，2007，1.

［61］王虹．广东人力资本存量与工业竞争力［J］．特区经济，2006，8.

［62］王薇．新疆生产建设兵团人力资本投资现状及对策探讨［J］．经济师，2006，12.

［63］王军．资本市场对外开放的经济增长效应［J］．对外经济贸易大学学报，2002，6.

［64］汪希成，李杰，陈淑芬．兵团国有工业企业市场竞争力的制约因素及其对策研究［J］．兵团职工大学学报，1999，3.

［65］汪希成，张昊．兵团新型工业化道路的现实选择［J］．新疆农垦经济，2003，1.

［66］汪群芳，李植斌．基于人力资本的浙江省经济增长实证分析［J］．浙江理工大学学报，2006，12.

［67］吴福象，刘志彪．城市化群落驱动经济增长的机制研究［J］．经济研究，2008，11.

［68］魏君英．湖北省对外贸易与经济增长关系的实证研究［J］．农村经济与科技，2008，11.

［69］万卫平．发挥“三大作用”处理好“三个关系”［J］．http：//wenku.baidu.com/view/62d06 9f9fa b069dc502201c4.html.

［70］许彦利．党的执政理念在和谐社会建构中的指导作用［J］．兵团党校

学报，2006，1.

［71］许和连，亓朋，祝树金．人力资本与经济增长研究进展述评［J］．财经理论与实践，2007，1.

［72］徐峰．社会和谐、社会政策与科学执政［J］．毛泽东邓小平理论研究，2006，3.

［73］徐生才．加快推进兵团新型工业化建设若干问题研究［J］．兵团党校学报，2011，1.

［74］西林．浅谈构建和谐的新疆民族关系［J］．新疆社科论坛，2007，6.

［75］熊鹏举．兵团工业化水平与发展对策［J］．新疆农垦经济，2004，2.

［76］谢武，陈晓剑．我国工业经济所有制结构的变化与工业经济增长的关系［J］．企业经济，2002（9）：11－13.

［77］谢小站．落后地区人力资本问题研究［J］．财经界，2006，5.

［78］新型工业化课题组．兵团新型工业化实证分析［J］．新疆农垦经济，2008，3.

［79］俞可平等主编，杨金海，周勇执行主编．马克思主义视域中的和谐社会主义建设［M］．重庆出版社，2007.

［80］闫茂旭．构建边疆地区社会主义和谐社会新探——以“构建—整合”为中心的考察［J］．思茅师范高等专科学校学报，2006，5.

［81］袁慧玲．对兵团农牧团场新型工业化的思考［J］．新疆农垦经济，2008，8.

［82］余长林．人力资本投资结构及其经济增长效应——基于扩展 MRW 模型的内生增长理论与实证研究［J］．数量经济技术经济研究，2006，12.

［83］杨振华．市场经济与屯垦戍边［C］．新疆人民出版社，1997，5.

［84］周淼．科学和谐的发展模式［J］．实事求是，2008，1.

［85］周建超．论人的自由全面发展与社会和谐发展统一［J］．毛泽东邓小平理论研究，2006，9.

［86］朱启贵．绿色国民经济核算论［M］．上海交通大学出版社，2005.

［87］朱翊敏，钟庆才．广东省经济增长中人力资本贡献的实证分析［J］．

区域经济，2002，12.

［88］朱磊．浙江制造业产业成长研究［D］．博士学位论文，2002，12.

［89］张敦富．西部开发论［M］．中国轻工业出版社，2001.

［90］张雷声．深入贯彻落实科学发展观的经济视域［J］．经济理论与经济管理，2007，11.

［91］张仲华，任阿娟．确立与和谐社会建设相适应的和谐思维方式［J］．楚雄师范学院学报，2007，8.

［92］张丽华．兵团新型工业化发展对策［J］．新疆农垦经济，2006，4.

［93］张丽华，王艳，叶梅，胡军．兵团新型工业化发展对策［J］．新疆农垦经济，2006，4.

［94］张海燕，张强．所有制结构与吉林省工业经济的关系研究［J］．长春工业大学学报（自然科学版），2008（1）：4－10.

［95］张崇文．兵团工业发展战略研究［R］．1996.

［96］郑京淑，程伟军．江西省经济增长要素贡献率实证分析［J］．金融与经济，2006，6.

［97］蒋晓华．人力资本与经济增长的关系研究［J］．安徽农业大学学报，2006，5.

［98］中国国家统计局．2011中国统计年鉴［M］．中国统计出版社，2011.

［99］中国国家统计局．新疆生产建设兵团统计年鉴（1991～2009）［M］.

［100］邹斌，邓正军．工业企业融资的困境与出路：关于湖北宣恩县工业企业融资情况的调查与思考［J］．科技信息，2007，14.

［101］Anthony Steinhoff. Nineteenth－century urbanization as sacred process：Insights from German Strasbourg［M］. Journal of Urban History 37（6）：828－841.

［102］Diego puga. Urbenization patterns：European versus less developed［J］. countries Journal of regional science，Vol. 38，No. 2，1998：231－252.

［103］Giuseppina Siciliano. Urbanization strategies，rural development and land use changes in China：A multiple－level integrated assessment［J］. Land use policy，2012（29）：165－178.

[104] James, A. Macmillan, Fu – Lai – Tung and R. M. A. Loyns. Diffrences in regional household consumption patterns by urbanization: A cross – section analysis [J]. Journal of regional science, Vol. 12, No. 5, 1972.

[105] Zhang Zheng, Qiao Xiaochun, Lijing and DuZhengming. Specialissue: urbenization and employment of migrant workers in China Social Sciences in China [J]. Vol. xxl, No. 3, august 2010: 168 – 193.

后　记

本书是在我的国家软科学基金项目基础上整理完成的。在完成书稿的过程中，得到了来自各方面的引导、支持和帮助。首先要衷心感谢我的父亲薛善福（新疆应用职业技术学院离休干部、副教授）、母亲尚志（新疆应用职业技术学院退休教师、副教授）及我的姐姐薛晶（新疆应用职业技术学院在职图书馆工作人员、副研究馆员）对我在本书的选题方面提供的帮助。在与他们讨论的过程中，给了我很多的启发，使我少走了许多弯路。父亲和母亲渊博的学识、严谨的治学风格、敏捷的思维、敬业的精神，令我终身受益。

感谢石河子大学李万明教授在我的写作提纲的形成中给予的帮助。李教授对兵团情况了解得非常深入，曾经带着我做过国家课题和校级课题，对如何做研究给予我许多指点和帮助，使我摆脱混沌状态，逐步感受到学术的氛围。

感谢张崇文教授、龚新蜀教授，是他们把我引上学术研究之路。

感谢研究团队的成员，包括孔令英、石冠峰、刘追、薛晶、刘云芬、夏赟、肖静、张凤莉、秦伟平、王江、刘晓芬、王东红、赵志华和汤伟娜等，是他们的辛勤工作使本书得以顺利完成。

感谢李翠锦博士，在我进行实证研究时，是她毫不吝啬地给予帮助。

感谢我的先生，在他的精心照顾之下，我才能全身心地投入工作。每次想起，感激之情油然而生，心中充满无限温暖。

感谢石河子大学211工程重点建设项目。虽然本书还有许多不尽完美的地方，与高水平研究和经典著作相比还有很大差距，但仍希望能为兵团经济发展提供一些决策依据。

本书虽已经完成，但仍有一些问题尚未得到解决。对真的追求，对谜的探索，激励我勇猛精进，永无止境。

薛　坪

2012年5月